Joan Anderson

Ein Jahr am Meer

Aus dem Leben einer unvollendeten Frau

Aus dem Englischen von Susanne Aeckerle

Deutscher Taschenbuch Verlag

Für mein Vorbild und meine beste Freundin – meine wunderbar unvollendete Mutter –, die sich nach wie vor verändert und selbst übertrifft. Ihre Weisheit, und die ihrer Mutter, ist in diesen Seiten gegenwärtig.

Deutsche Erstausgabe
Juni 2000
3. Auflage Dezember 2000
Deutscher Taschenbuch Verlag GmbH & Co. KG, München
© 1999 Joan Anderson
Titel der amerikanischen Originalausgabe:
A Year by the Sea.
Thoughts of an Unfinished Woman
(Doubleday, New York 1999)
© 2000 der deutschsprachigen Ausgabe:
Deutscher Taschenbuch Verlag GmbH & Co. KG, München
www.dtv.de
Umschlagkonzept: Balk & Brumshagen
Umschlagfoto: © Lajos Keresztes
Satz: Fotosatz Reinhard Amann, Aichstetten
Gesetzt auf der Sabon 10,5/12,75· (QuarkXPress)
Druck und Bindung: Kösel, Kempten
Gedruckt auf säurefreiem, chlorfrei gebleichtem Papier
Printed in Germany · ISBN 3-423-24206-X

Es gibt Gezeiten auch für unser Tun,
Nimmt man die Flut wahr, führet sie zum Glück;
Versäumt man sie, so muss die ganze Reise
Des Lebens sich durch Not und Klippen winden.
Wir sind nur flott auf solcher hohen See,
Und müssen, wenn der Strom uns hebt, ihn nutzen,
Wo nicht, geht unser Schiff und Gut verloren.

William Shakespeare, ›Julius Caesar‹,
4. Akt, 3. Szene

EBBE

SEPTEMBER

*Ich möchte Sie bitten, Geduld zu haben gegen
alles Ungelöste in Ihrem Herzen und zu versuchen, die Fragen selbst lieb zu haben. Forschen
Sie jetzt nicht nach Antworten, die Ihnen nicht
gegeben werden können, weil Sie sie nicht leben
könnten. Und es handelt sich darum, alles zu
leben. Leben Sie jetzt die Fragen. Vielleicht leben
Sie dann allmählich, ohne es zu merken, eines
fernen Tages in die Antwort hinein.*

Rainer Maria Rilke,
›Briefe an einen jungen Dichter‹

Die Entscheidung, uns zu trennen, fiel sozusagen über Nacht. Mein Mann kam eines Tages von der Arbeit nach Hause und verkündete, er habe eine neue Stelle Hunderte von Kilometern entfernt angenommen. Während er sich über die Einzelheiten ausließ, saß ich mit leerem Gesicht da und suchte nach einer Ausrede, um ihn nicht begleiten zu müssen. Schließlich waren unsere beiden Söhne erwachsen, das geräumige alte Haus, in dem wir seit siebzehn Jahren wohnten, war längst zu groß für uns geworden und meine Tätigkeit konnte ich überall ausüben. Woher kam also mein Widerstand? Warum war ich wie erstarrt, verängstigt und voller Wut?

Es dauerte nicht lange, bis ich die simple Wahrheit erkannte. Ich hatte einfach weder Lust noch die Energie dazu, mit ihm umzuziehen. Ein neues Leben anzufangen, an einem fremden Ort, wo wir doch hier schon nur noch nebeneinander her lebten, war zuviel für mich. Ich war selbst erstaunt, als ich mit der einzigen Alternative herausplatzte, die mir einfiel: mich in unser Häuschen auf Cape Cod zurückzuziehen und herauszufinden, was ich wirklich wollte. Meine Erstarrung, mein offenbarer Mangel an Mitgefühl beunruhigten mich, aber ich konnte nicht dagegen an.

Ich betrachtete diese Lösung nicht bewusst als Trennung, sondern nur als eine Art Atempause, ein Verschnaufen, Urlaub von der Beziehung. Nach ein paar Monaten würden wir wieder zusammen sein.

Mein Mann nahm meine Entscheidung ohne große Gefühlsregung hin, distanzierte sich, wurde beinahe gleichgültig. Mit beängstigender Höflichkeit machten wir Pläne für unsere zukunftslose Zukunft und teilten unseren Freunden, die sich nach dem Verkauf des Hausrats in unserem nun leeren Wohnzimmer versammelt hatten, die Entscheidung ganz nebenbei mit. Die meisten reagierten mit Bestürzung und einer fragte rasch, um das entstandene Schweigen zu überbrücken: »Welche Erinnerungen verbindet ihr mit diesem Haus?«

Ein Schauder überlief mich, als einer unserer Söhne von den Festen zu erzählen begann, die ich hier veranstaltet hatte. Andere folgten, bis ihre Erinnerungen den Raum mit Nostalgie erfüllten. In dem Moment schien es richtig zu sein, dass wir dieses Kapitel unseres Lebens abschlossen. Wir hatten hier intensiv gelebt, hatten dieses Haus geliebt und, was vielleicht das Wichtigste war, es mit anderen geteilt.

Als wir das Licht ausschalteten und uns auf die Matratze legten, die jetzt auf dem Boden lag, weil wir das Bettgestell bereits verkauft hatten, ergriff mich Panik über mein weiteres Schicksal. Momente voll schöner Erinnerungen haben die Eigenschaft, alles andere auszulöschen. Ich drehte mich auf die Seite zu meinem Mann hin, legte meinen Arm um seine stattliche Mitte, voller Sehnsucht nach Ich-weiß-nicht-was. Diese vertraute Nähe würde mir fehlen, dachte ich, und kuschelte mich enger an ihn. Er bewegte sich und einen Moment lang glaubte ich, er würde sich auch umdrehen, etwas sagen, mich vielleicht in den Arm nehmen. Aber er schlief innerhalb von Sekunden ein und mir blieb nichts anderes übrig als mich vom Rhythmus seines Atems einlullen zu lassen.

So viele Nächte hatte ich neben ihm gelegen und mich gefragt, was er wohl träumte und was ihn so verfolgte. Ich hatte von Anfang an gewusst, dass er eine schwere und einsame Kindheit gehabt hatte, in einer Alkoholikerfamilie aufgewachsen war und mit zwölf Jahren auf ein Kloster-Internat geschickt wurde, das er gehasst hatte. Als wir uns ineinander verliebten, ließ er mich von all dem wissen und von der Last, die er deswegen zu tragen hatte, aber ich, ganz erfüllt von Fürsorglichkeit, fand es umso herausfordernder, mit seinen Schatten fertig zu werden. Es gab mir ein gutes Gefühl, eine Ehe einzugehen, in der meine Rolle als fürsorgende Hausfrau und Mutter bereits festgelegt war, und ich dachte, ich würde schon ein Mittel gegen seine Melancholie finden, ihn aus der Dunkelheit befreien, die ihn seit langem umgab.

Doch mit der Zeit ermüdete mich sein Schmerz, der sich nicht austreiben lassen wollte. Zu oft verstand ich seine emotionale Verschlossenheit als Ablehnung und bettelte um seine Aufmerksamkeit. »Auch ich habe Bedürfnisse, weißt du«, wiederholte ich dann, voller Hunger nach Nähe und Bestätigung. Er sah von dem Buch auf, das er las, und teilte mir mit: »Bedürfnisse sind ein Dach über dem Kopf und ein gefüllter Magen. Punkt.« Solche Antworten ließen mich für gewöhnlich verstummen, genau wie andere Bemerkungen, die so zutreffend schienen, daß ich mir wie ein Dummkopf vorkam. Er bagatellisierte meine Ausbrüche mit der Nüchternheit eines Pragmatikers, der eine Vorliebe für Rhetorik hat. Mit den Jahren wurde es mehr als frustrierend, die andere Seite einer forcierten Rationalität zu sein.

Trotzdem gab es Momente, in denen er tatsächlich neidisch auf mich war. Nach einem Essen, bei dem ich die Gäste mit Geschichten und amüsanten Anekdoten unterhalten hatte und er, wie immer, sehr ruhig und in sich gekehrt gewesen war, sagte er: »Du bist Technicolor und ich bin Schwarzweiß.«

»Na und?«, gab ich zurück. »Warum fügst du deinem Leben dann nicht ein bißchen Farbe hinzu?«

Nicht immer waren meine Antworten so schlagfertig und Humor war selten Teil unserer Unterhaltungen. Meine Rolle, die ich mir zweifellos selbst geschaffen hatte, deprimierte mich mehr und mehr. Für mich hieß Liebe nur geben, geben, geben, bis ich eine positive Reaktion auf meine Bemühungen im Gesicht des anderen sah, und mein Glücksgefühl hing davon ab ihn zufriedenzustellen. Ich glaube, er fand mich netter, wenn ich das mal vergaß. Meine Bedürfnisse müssen oft wie Forderungen geklungen haben, die er nicht zu erfüllen bereit war. Wenn er es versuchte, entsprachen seine Bemühungen nie meiner Erwartung. Auf jeden Fall war ihm die Freude am Leben genommen worden und ich hatte alle Wiederbelebungsversuche aufgegeben.

Für mich bedeutete eine Beziehung Abenteuer, Spaß, Gemeinsamkeiten. Er sah seine Rolle hauptsächlich als Ernährer und gelegentlicher Teilnehmer am Rande unseres Familienlebens. Zu den Wochenenden lud ich Freunde ein und veranstaltete Partys in der Hoffnung, ihn damit anzuregen, aber meist zog er sich dann nur noch mehr in sich selbst zurück. Wenn ich versuchte, ihn aus seinem Schneckenhaus herauszulocken, entgegnete er: »Wann wirst du endlich mit dem zufrieden sein, was du hast? Wenn du Aufregung willst, dann such sie dir doch.«

Was ich auch tat. Ich verliebte mich prompt in einen verheirateten Mann, floh vor der Intensität dieser Gefühle zu einem Schriftstellerkongress in Maine, knüpfte dort neue Kontakte für meine Karriere, unterschrieb weitere Buchverträge und begrub auf diese Weise meine persönlichen Bedürfnisse unter dem Glanz der Schriftstellerei. Obwohl jede dieser Eskapaden mich kurzfristig aufputschte, brachten sie mir nicht das, wonach ich mich sehnte – Nähe und Verbundenheit.

Und nun bleibt mir nur noch eine Alternative: eine Zeit lang auf jede Beziehung zu verzichten oder vielleicht eine zu mir selbst aufzubauen. Es ist spät. Morgen ist ein großer Tag. Ich drehe mich um und schlafe ein.

Ich erwachte um fünf Uhr morgens, er eine Stunde später, und wir beeilten uns, die Autos fertig zu packen, bevor er zu seiner neuen Stelle und ich zu meinem neuen Leben aufbrach. »Ich kann einfach nicht glauben, dass wir das tun«, sagte ich, machte damit den Abschied kompliziert und ahnte bereits, welche Antwort ich bekommen würde.

»*Du* kannst es nicht glauben«, knurrte er mit zusammengebissenen Zähnen. »Das war doch alles *deine* Idee!« Meine Worte machten ihn wütend, wie üblich, und er drückte diese Wut körperlich aus, während er die letzten Gepäckstücke in meinen vollgepackten Kofferraum quetschte und schließlich die Haube zuschlug.

»Ich muß los«, sagte er und schwächte seine Unverblümtheit mit einem Lächeln ab, »um mit meinem Leben weiterzumachen, so wie du mit deinem weitermachst.« Ich war auf weitere Angriffe gefasst, aber er ging ohne zurückzuschauen zu seinem Wagen. Doch dann drehte er sich um und sein dunkler, schmerzerfüllter Blick war trotz allem seltsam friedvoll. »Bis dann«, sagte er und das war's.

Es verblüffte mich, wie sehr mich dieser Abschied bedrückte. Ich lehnte meine Stirn an das Autodach und begann zu weinen, vom Schmerz überwältigt, unterdrückte dann aber mein Schluchzen, als zwei Freundinnen mit einer Thermoskanne Kaffee und Verpflegung für unterwegs vorbeikamen. Diese Frauen, deren Ehen schon vor langer Zeit in Kälte, Wut und Gleichgültigkeit erstarrt waren, betrachteten mich mit sehnsüchtigen Blicken. Sie sagten, dass ich mutig sei und dass sie sich wünschten, sie hätten den Mumm, dasselbe zu tun, dass sie davon träumten, für sich selbst einstehen zu können. Ich hob das Kinn, legte den Finger unter die Nase, um die Tränen zurückzuhalten, und wollte protestieren. »Verzweifelt« war das Wort, das meinen Zustand in dem Moment am besten beschrieben hätte. Ich konnte mich kaum als mutig bezeichnen. Ich war nach dem Motto erzogen worden, »wo du hingehst, da will ich auch hingehen...«, und nun lief ich in die entgegengesetzte Richtung. Jede Minute, die ich noch blieb, brachte mich einer Meinungsänderung gefährlich nahe.

Frauenfreundschaften sind immer mein Allheilmittel gewesen, haben mich in düsteren Zeiten stets getröstet. Aber diesmal steckte ich in einer Krise, die meine volle Aufmerksamkeit erforderte, nicht die Ablenkung, die mir Freundinnen geben konnten. Noch länger hier in der vertrauten Umgebung zu verweilen würde mein Zögern nur verstärken. Also stieg ich in meinen rostigen alten Volvo, vollgestopft mit Büchern, Papieren, unfertigen Manuskripten und anderem, was man als Schriftstellerin braucht, fuhr los und warf noch einen letzten Blick auf das »ZU VERKAUFEN«-Schild auf dem Rasen vor dem Haus. Ich musste nur noch bei der Bank halten, um meine restlichen Ersparnisse von 3 782,42 Dollar abzuheben. Mein Mann würde die größeren Rechnungen bezahlen, aber für mich mußte ich selbst aufkommen, eine faire Vereinbarung, da wir in den vergangenen Jahren meine Honorare dazu benutzt hatten, die Ausbildung unserer Söhne, die Steuern und die meisten Extraausgaben zu bezahlen.

Als ich aus Nyack hinausfuhr, auf die Tappan Zee Bridge zu, sagte ich mir immer wieder: »Du tust das Richtige – mach weiter – du tust das Richtige.« Nachdem ich den Brückenzoll bezahlt hatte und die Hinweisschilder für Neuengland sah, entspannten sich meine Schultern und mein Rücken passte sich der Lehne des Autositzes an. Ich war endlich unterwegs und hatte das Gefühl, dass sich dieser Schritt seit langem angekündigt hatte.

Vielleicht hatte er das wirklich. Ich hatte einige misslungene Versuche hinter mir, Zeiten, in denen ich aus einem Impuls heraus weggelaufen war, nur um zu erfahren, dass es den dramatischen Effekt verliert, wenn man es zu oft macht. Dieses Mal war es anders, es hatte etwas Monumentales. Ich hatte alle wichtigen losen Enden verknüpft, bevor ich die Flucht ergriff. Plötzlich kam ich mir vor wie eine Frau Machiavelli, eine Meisterplanerin, oder wie jemand, der kurz vor dem Tod steht und alle seine Angelegenheiten ins Reine bringt. Das Leben aller, für die ich verantwortlich gewesen war, lief in geregelten Bahnen. Ich mache mir manchmal Gedanken, dass ich in meiner Ungeduld, meine eigene Freiheit zu erlangen, die Jungen zu sehr angetrieben habe, dass ich meinen ältesten Sohn ermutigt habe, sich in eine Ehe zu stürzen, lange bevor seine Freunde so einen Schritt überhaupt in Erwägung zogen. Meinem jüngeren Sohn habe ich sogar meinen eigenen Verlobungsring gegeben, damit der Diamant zu einem Ring für seine Braut umgearbeitet werden konnte.

Was hätte mir das sagen sollen? Da ich mein eigenes Glück nicht mehr im Griff hatte, wollte ich vielleicht ihres sicherstellen. Ihre Hochzeiten, die während des Höhepunktes unserer Desillusionierung stattfanden, hatten dazu gedient, uns für eine Weile abzulenken. Ich habe bei vielen unserer Freunde erlebt, daß sie sich in einen wahren »Hochzeitsrausch« gestürzt haben, mit allem, was dazu gehört. Mein Mann und ich waren da keine Ausnahme. Wenn wir schon selbst das Hochgefühl des Verliebtseins nicht mehr kannten, war unser Trostpreis vielleicht der, es stellvertretend mitzubekommen. Ich habe mich oft gefragt, ob das der Grund ist, warum so viele Menschen bei Hochzeiten weinen. Sie sehen die Liebe und möchten etwas davon für sich selbst, während sie ganz genau wissen, daß ihnen solche Träume verwehrt sind. Es war schön, die stolzen Eltern bei der Hochzeit unserer Söhne und Teil der Festlichkeiten zu sein. War die Hoffnung, die ich für sie hegte, gleichzeitig eine, die ich nach wie vor für uns hatte?

Aber der Zauber verflog, sobald der Reis geworfen war und der Alltag uns wieder eingeholt hatte. Sogar die Katze, die noch als Letzte von uns abhängig war, starb eines Sonntags in unserem Keller an einem Herzschlag, während wir in der Kirche waren. Nichts schien uns mehr zusammenzuhalten.

In meinem Kopf herrschte ein wildes Durcheinander, als ich auf den Merritt Parkway einbog, und ich griff nach einem Stift, um meine Gedanken zu notieren. »Eines Tages wirst du einen tödlichen Unfall haben, wenn du weiter beim Fahren schreibst«, hatte mich eine gute Freundin mal gewarnt. »Ich weiß, ich weiß«, hatte ich erwidert, ohne ihre Warnung jemals ernst zu nehmen.

Während ich, in meinem Volvo wie von einer Schutzhülle umgeben, die Vergangenheit hinter mir lasse, merke ich, dass ich jetzt klarer denken kann, und fühle mich wunderbar leicht. Im Radio suche ich einen Sender mit klassischer Musik und finde Vivaldis ›Jahreszeiten‹, eine Musik, die ich gern beim Joggen gehört habe. Ein gutes Omen, denn ich laufe auf ein neues Leben zu. Ich habe mal gehört, dass Trainer des Olympiateams vor großen Wettkämpfen in den Umkleidekabinen Barockmusik abspielen lassen, um die Ängste der Athleten zu besänftigen. Ich atme tief durch und wünsche mir, dass auch mich diese Ruhe überkommt.

Trotzdem bleibt das Gefühl, etwas Unrechtes, sogar Ungehöriges getan zu haben. Derjenige, der den anderen verlässt, ist stets im Unrecht, während der Partner, der alles passiv hinnimmt, das ganze Mitgefühl bekommt. Den meisten Männern, ist mir aufgefallen, widerstrebt es, einfach zu gehen. Sie wollen zwar aus ihrer Ehe raus, aber sie drehen es so, dass die Frau den ersten Schritt unternimmt. Wenn die Jungen zu fragen beginnen, was eigentlich los ist, werden sie sich bestimmt mehr Sorgen um ihren Vater machen als um mich. Sie haben selten seine Fehler gesehen, was daran liegt, daß er nach außen hin rational, verantwortungsbewusst und aufrichtig wirkt. Ich bin diejenige, die um sich schlägt, das große Mundwerk hat, launisch ist und auch mal zu schreien anfängt – doch selten den Mann anschreit, der diese Situationen möglicherweise verursacht hat.

Ich fahre jetzt nach Norden auf der Interstate 95, weit weg von allem, was einer Stadt gleicht, vorwärts getrieben vom jagenden Tempo der Violinen des Allegro aus Vivaldis ›Frühling‹. Aber weiterhin begleiten mich diese negativen Stimmen, die mir vorwerfen, ich sei ein verwöhntes Gör. Schließlich hat mein Mann mich nie geschlagen, hat mich nie als Miststück beschimpft (obwohl er mir vorgeworfen hat, bissig und gehässig zu sein), und jetzt wirkt er so verloren.

Inzwischen beschimpfe ich mich. »Diesmal hast du es wirklich getan, Joan!« Ich schlage auf das Steuerrad, als wollte ich mich ohrfeigen. Ich wünschte, ich könnte mir einen Drink genehmigen, ein paar Valium schlucken oder auf einen Punchingball eindreschen! In diesem Moment werde ich von einem Straßenschild abgelenkt: NEW HAVEN. Gott, Hunderte Male bin ich hier vorbeigefahren und habe das nie mit meiner Vergangenheit in Verbindung gebracht. Hier haben wir uns kennengelernt. Yale war der Anfang. Ich trete auf die Bremse und erwische gerade noch die Ausfahrt, ganz versessen darauf, der Vergangenheit wiederzubegegnen und ein oder zwei unserer alten Lieblingsplätze aufzusuchen.

Minuten später stehe ich vor dem White Tower Diner gegenüber vom Green, wo der gratis nachgeschenkte Kaffee uns die Nächte hindurch am Reden hielt, als wir uns gegenseitig zu entdecken begannen. Ich vertraue auf meine eingerosteten Erinnerungen, biege in die Trinity Street ein und sehe die Schauspielschule vor mir, mit den gleichen grellroten Türen wie früher, und gleich daneben das Gässchen, in dem wir immer geknutscht hatten. Ein junges Pärchen lehnt an der Mauer und tut genau das. Ich fahre weiter um den Block und entdecke das heruntergekommene Haus, in dem ich im Untergeschoss eine Wohnung hatte und wir mit fliegenden Händen aneinander herumfummelten, ohne uns sehr viel weiter vorzuwagen.

Alles wirkt hier geschäftig und zielorientiert, genau wie es im Herbst zu Beginn eines neuen Semesters sein sollte. Ich sehe Studenten mit frischen Gesichtern, manche in lebhafte Unterhaltungen vertieft, andere, die mit Entschiedenheit zu ihren Vorlesungen eilen. Genau wie wir damals, nur fällt mir plötzlich ein, dass er weglief, als unsere Beziehung ernst zu werden begann. Vielleicht hätte ich ihn gehen lassen sollen, aber ich war entschlossen, mir einen Ehemann zu angeln, und er war der aussichtsreichste Kandidat. Also jagte ich ihm nach, bis er mich einfing, und bald darauf waren wir verlobt und ich bekam von ihm den Ring, den seine Mutter ihm Augenblicke zuvor gegeben hatte. Es war eine »arrangierte Hochzeit«, es kommt mir jetzt zumindest so vor. Ich wußte, dass er schon andere junge Mädchen mit nach Hause gebracht hatte, aber was seine Mutter anging, so hatte ich den Hauptpreis gewonnen. Meine Mutter wiederum war entsprechend beeindruckt, weil er der Sohn eines Arztes und daher gut betucht war. Sie sah darüber hinweg, dass seine Eltern schwere Alkoholiker waren, und konzentrierte sich lieber auf das schicke Haus und den Strandclub, da ihr viel an Äußerlichkeiten lag – nicht gerade eine gute Mitgift für eine Ehe.

Ein Auto hinter mir hupt, weil ich nicht gleich bei Grün losgefahren bin. Ich gebe Gas, zeige dem Kerl den Finger wegen seiner Ungeduld und erinnere mich selbst daran, daß ich die Vergangenheit hinter mir lassen will. Sobald ich auf dem Highway bin, öffne ich das Fenster, lasse mir den Wind durch die Haare wehen und verspüre ein neues Hochgefühl, während ich meiner Zukunft entgegenfahre.

Ich habe nie das Gefühl, wirklich in Neuengland zu sein, bevor ich nicht die Grenze zwischen Connecticut und Rhode Island passiert habe. Dann werde ich übermütig, sogar aufgeregt, weil ich weiß, dass die Reise in zwei Stunden zu Ende ist. Nach Hause zu kommen oder an einen Ort, an dem man sich zu Hause fühlt, ruft unweigerlich ein Gefühl der Verwurzelung hervor. Cape Code vermittelt mir solche Gefühle, weil ich hier seit meiner Kindheit jeden Sommer verbracht habe.

Ein neuer Anfang an einem altbekannten Ort. Mir gefallen diese Worte. Über der Spüle in unserem Cottage hängt ein Zitat von Wendell Berry: »Wenn du nicht weißt, wo du bist, dann weißt du nicht, wer du bist.« Sobald ich dort eintreffe, bin ich mir immer viel sicherer, wer ich bin, vielleicht, weil mir die ausgetretenen Pfade so vertraut sind. Mehr noch, ich gebe mich einer Art Wissen hin, das nicht über meinen Verstand läuft, sondern eher meine Sinne anspricht. Es gibt keinen Kanal, keine Düne, kein Marsch-Gebiet, die nicht mit einer bestimmten Zeit oder sogar mit einer Person aus meiner Vergangenheit verbunden sind, und ich glaube, ich werde mich auf diese Erinnerungen verlassen, um wieder zu wissen, wer ich vorher war – die ursprüngliche Person, die ich anscheinend verloren habe.

Ich nehme an, das Cape wurde zu meinem wahren Zuhause, als mein Vater starb und auf dem Friedhof bei der First Congregational Church, die etwa um 1746 erbaut worden war, neben einem Großvater, zwei Großmüttern, einer Tante und einem Vetter begraben wurde. Zuerst war ich bestürzt, den Grabstein mit der Inschrift ANDERSON zu sehen, aber schon bald fühlte ich mich dadurch verankert. All die anderen Orte und Städte, in denen ich zuvor gewohnt hatte, wurden zu vorübergehenden Stationen auf meinem Weg nach Hause.

Veränderungen finden auf dieser ellbogenförmigen Halbinsel, dieser vom Meer begrenzten und umgebenen Landzunge nur langsam statt. Ich weiß, wo man im August Blaubeeren findet und Bittersüß im September, wo sich die Sanddollar genannten Seeigel einnisten und an welchen Felsen die Seesterne haften. Selbst jetzt ist meine Vorfreude noch genau so stark wie vor vielen Jahren, als mein Bruder und ich auf dem Rücksitz des alten Buick meines Vaters hockten und nach den vertrauten Zeichen Ausschau hielten, die ankündigten, dass unsere Ankunft kurz bevorstand. Zuerst wurde die Erde neben dem Highway sandig, dann schwebten die ersten Möwen über uns, und schließlich sahen wir die Sagamore-Brücke, das Tor zu unserem Paradies. Nachdem wir sie überquert hatten, kurbelten wir die Fenster herunter, egal ob es regnete oder die Sonne schien, atmeten die feuchte Luft mit ihrem Duft nach Kiefernnadeln ein und wussten, dass wir gleich den Weg durch das Dorf nehmen würden, vorbei an der Kirche, deren Glocke jede Stunde läutet, vorbei am Eissalon, wo wir unsere Mokka-Shakes schlürfen würden, vorbei am

Hafen, wo unser kleines Boot vertäut liegt, und schließlich auf den sandigen Pfad, der direkt vor die Tür zu unserem Cottage führt.

So in Gedanken verloren, schrecke ich hoch, als die Brücke vor mir auftaucht. Mir kommt es vor, als hätte ich gerade erst New Haven verlassen, und es ist noch kaum Mittag! Die Sonne scheint einladend, aber ich fühle mich wie eine Möwe vor dem Sturm, die nicht recht weiß, wo sie landen soll. Ich will die Landung hinauszögern, mich noch nicht niederlassen. Ich sage mir, dass ich ja keinen Zeitplan einzuhalten habe. Schließlich wartet niemand im Cottage auf mich. Allein dieser Gedanke ruft Beklemmung in mir hervor. Ich lenke das Auto zum Strand, will mir mehr Zeit geben, langsam ankommen und darüber nachdenken, was diese Ankunft zu bedeuten hat – will mich vom Rhythmus der Wellen wiegen und in einen Zustand des bloßen Da-Seins versetzen lassen.

Nachdem ich den Parkplatz an meinem Lieblingsstrand erreicht habe, schlüpfe ich aus den Schuhen, um den feuchten Sand unter meinen Füßen zu spüren, und laufe auf eine Düne hinauf, als wolle ich mein Territorium in Besitz nehmen. Da ich völlig unvorbereitet darauf bin, was als Nächstes in meinem Leben geschehen wird, bin ich gezwungen, mich mit dem zufrieden zu geben, was vor mir liegt. Ich glaube, es war Thomas Merton, der gesagt hat, die einfachste Art, eine Neurose zu überwinden, sei die, sich mit Natur zu umgeben oder, genauer, mit Bäumen. »Man kann nicht neurotisch sein, wenn man vor einer Baumgruppe steht«, behauptete er; genau so wenig, füge ich hastig hinzu, wie vor Dünen oder dem Meer oder bescheidenen Krüppelkiefern. Hier am Rande der Welt zu stehen, zeigt mir, wie übertrieben meine Emotionen offensichtlich sind. Dieser stark auf mich wirkende stille Ort verdrängt Verwirrung, Wut und Depression, und im Moment fühle ich mich mit der Landschaft mehr verbunden als mit den Menschen.

Ich schaue auf den herbstlichen Strand, den alten weißen Leuchtturm, der zu meiner Linken aufragt, das sanft ans Ufer schwappende Wasser zu meiner Rechten und das sienafarbene Dünengras unter meinen Füßen. Ein Chrysippusfalter, der längst hätte nach Brasilien aufbrechen sollen, kreist um meinen Kopf. »Vielleicht brauchst du auch noch ein bisschen zusätzliche Zeit am Meer«, sage ich zu ihm, während er auf meiner Schulter landet und die Flügel zuklappt. Langsam gehe ich vom Dünenkamm hinunter zum Strand, wo sich das Wasser kaum bewegt, weder abläuft noch aufläuft, Niedrigwasser nehme ich an – das Meer im Stillstand, genau wie ich. Niedrigwasser hat mich schon immer zur Verzweiflung gebracht – wenn der Wind aufhört und das Wasser ganz still daliegt, wenn es nicht tief genug zum Schwimmen ist und die Strömung keine Herausforderung bietet.

Der höchste Wasserstand bei Flut gefiel mir und meiner Cousine am besten. Ihre Familie besaß ein Cottage am Rand der Marsch in der Nähe eines herrlichen Priels, der hinaus ins offene Meer führte. Als Kinder schwammen wir dort am liebsten, aber nur, wenn die Flut am höchsten stand, wenn die Brandung hoch aufschäumte und das Meer mit Energie aufgeladen war. Dann rannten wir zum Ende eines langen Bootssteges, stürzten uns in das kalte Salzwasser und ließen uns von der Strömung fast bis an die Tür ihres Cottages zurücktragen.

An stürmischen Tagen, wenn wenig Bootsverkehr war, zogen wir unsere Badeanzüge aus und gingen nackt ins Wasser, ließen uns von Wellen und Tang liebkosen. Unsere Wonne wurde von hohen, spitzen Schreien unterbrochen, wenn wir in eine kalte Strömung gerieten oder mit dem Fuß den sandigen Boden berührten, auf dem die Krebse nur darauf lauerten, unsere Zehen anzuknabbern.

Die Ebbe tolerierten wir nur, weil sich da viel unternehmen ließ – Muschelschalen sammeln oder essbare Muscheln suchen oder auch nur im Schlick graben. Aber das war immer noch besser als Niedrigwasser, wo man nur passiv dasitzen und zusehen konnte, wie das Meer die Richtung wechselte. Jetzt, in diesem Moment, geht mir auf, dass der Tiefstand eine Ruhephase sein kann, ein »psychischer Schlummer« nach dem lebenslangen Lernprozess, eine Frau zu sein. Ich habe nie daran gedacht, einfach stillzustehen, weil ich viel zu sehr mit Flucht und allem, was damit zusammenhängt, beschäftigt war.

Ich bin es leid, stromaufwärts zu schwimmen, gegen den Strom, nur um an unnatürlichen Zielen zu landen, ohne zu wissen, wann geerntet, wann gesät, was gefragt und wie befunden wurde. Mehr als alles andere wünsche ich mir, von der Brandung hinausgespült und vom Salzwasser getragen zu werden. Aber die Realität hält mich am Ufer fest. Ich muß mich eingraben wie ein Krebs oder eine dicke Muschel und Bestandsaufnahme machen, während die Flut über mich hinwegspült.

Es ist unheimlich ruhig. In meiner Seele sieht es so trübsinnig aus wie an diesem Septemberstrand, an dem ich sitze. Ich muß still bleiben, dem Kreischen der Vögel lauschen und atmen, tief die feuchte, saubere Luft einatmen und offen für alles sein, was auf mich zukommt.

DER RUF DES SEEHUNDES

Anfang Oktober

Wenn jemand etwas Neues erfährt, ein glückliches Erlebnis hat, dann ändert sich die Stimmung, dann ändert sich das Herz. Deshalb kann es einen Menschen auf einen völlig neuen Weg bringen, wenn er sich die Zeit nimmt zu sehen, zu hören, offen zu sein für Bilder und Vorstellungen, die sich aus neuen Erfahrungen entwickeln.

Clarissa Pinkola Estés,
›Die Wolfsfrau‹

Es ist Morgen – ein früher, dunkler Morgen. Ich lausche auf die Vögel, die gewöhnlich gegen halb fünf zu zwitschern beginnen. Nichts, nur das Prasseln des Regens auf das Dachfenster über meinem Kopf. Drehe ich mich noch mal um und schlafe weiter oder soll ich aufstehen? Mein tägliches Dilemma.

Ich bin jetzt seit drei Wochen hier und ein Tag geht in den anderen über. Ziellos und ohne die Alltagsroutine verliere ich das Gefühl für die Zeit. Es gibt noch nicht mal einen Kalender im Haus, falls ich wissen möchte, welcher Tag es ist – aber ich will es nicht wissen. Ich bemühe mich immer noch zu tun, als ob ich aus reiner Liebhaberei handele. Mein Instinkt rät mir einzuhalten, den Schmerz zu verarbeiten, der mit Veränderung einhergeht, aber mir ist gleichzeitig bewusst, dass ich anfangen sollte, etwas zu tun.

Meine einzige regelmäßige Beschäftigung ist mein täglicher Gang zur Post, wo ich einen Scheck oder zwei vorzufinden hoffe, da in diesem Monat Tantiemen ausbezahlt werden. Da ich keine neuen Projekte in Aussicht habe, zähle ich darauf, dass mich meine alten Bücher eine Weile über Wasser halten. Die Frau vom Postamt, deren Katze ZipCode meist auf dem Schaltertresen liegt, kennt mich sowohl als Schriftstellerin wie auch als Sommergast. Es verwirrt sie, dass ich um diese Zeit hier bin, und sie meint wohl, ich schriebe an einem neuen Liebesroman.

Eine neue Art von Einsamkeit überkommt mich, während ich hier liege und mir Gedanken über nackte Wahrheiten und vergebliche Anfänge durch den Kopf schießen, meist düstere Gedanken, entstanden nach den Telefonanrufen meines Mannes, der mich an irgendwelche Familienangelegenheiten erinnert, oder den Fragen von Freunden, die sich nach meinem Wohlergehen erkundigen. Da ich für niemanden vorgefertigte Antworten habe, frustrieren mich diese Anrufe. Kontakte mit der Welt, die ich hinter mir gelassen habe, verwirren mich und machen das Aufstehen nicht sonderlich verlockend.

Vor langer Zeit sehnte ich mich stets nach solchen Regentagen, an denen ich mir einen Becher Kakao machte, wieder ins Bett stieg, mich unter die Decke kuschelte und auf den Sturm da draußen lauschte. Vielleicht würde es mir gut tun, heute dasselbe zu machen. Als ich vor kurzem Rat bei einer befreundeten Pastorin suchte, bestätigte sie mir meinen Eindruck, dass ich festsäße. »Du befindest dich in einer Wüste«, sagte sie, »und du bist ausgetrocknet, aber noch nicht verdurstet.« Während sie sprach, stellte ich mir vor, auf einem verwitterten Baumstamm mitten in einem riesigen Ödland zu sitzen, umgeben von nichts als der sich kilometerweit erstreckenden, ockerfarbenen harten Erde, ohne einen Ausweg in Sicht. »Dir bleibt nichts anderes übrig, als einfach stillzusitzen und zu lauschen. Mit der Zeit wirst du die Antworten schon hören.«

Ich schwinge die Beine über die Bettkante und setze mich vorsichtig auf. Mein Kreuz macht mir seit einigen Tagen zu schaffen. Was mich nicht wundert, da mir mal ein Masseur gesagt hat, dort liege der Ursprung der Gefühle. Es ist lange her, dass ich mich irdischem Verlangen hingegeben habe. Kein Wunder, dass mein Rücken rebelliert.

Meine nackten Füße auf dem kalten Boden machen mich endgültig wach. Ich gehe in die Küche, um mir Kaffee aufzubrühen. Doch die Kaffeedose ist leer. Ich habe von den Vorräten in der Speisekammer gelebt, den Gang zum Lebensmittelladen vermieden, jeder Erinnerung an hausfrauliche Tätigkeit den Rücken gekehrt. Aber jetzt brauche ich Kaffee, und der einzige Ort, wo man um diese Zeit welchen bekommt, ist Larry's PX, eine Fischerkneipe. Ich habe schon seit Jahren nach einer Ausrede gesucht, sie zu betreten, und jetzt habe ich eine. Rasch ziehe ich die Jeans und den zerschlissenen blauen Pullover an, die neben meinem Bett liegen, nehme die Autoschlüssel und laufe nach draußen.

Der erbsensuppendicke Nebel verlängert die Fahrt von zehn auf fünfzehn Minuten, aber der Parkplatz ist so einladend wie ein Leuchtturm, vollgeparkt mit den Pick-ups der Fischer, deren treue Hunde auf den Vordersitzen auf die Rückkehr ihrer Herren warten.

Als ich eintrete, verstummen alle Gespräche. Ich gebe vor, nichts zu merken, und atme den Geruch frisch gebratenen Specks ein. Der einzig freie Platz an der hufeisenförmigen Theke ist ganz hinten und ich setze mich auf den drehbaren Barhocker neben einen stämmigen Mann mit tief gebräuntem Gesicht und einem dicken blonden Bart. Es ist mir ein bißchen unangenehm, in diese Kneipe der Ortsansässigen hineinzuplatzen, aber ohne den morgendlichen Kaffee geht einfach nichts. Die Kellnerin gießt mir rasch einen Becher ein, während ich mich umsehe – weiß getünchte Wände, die Thekenoberfläche aus rotem Linoleum, Platten mit Donuts unter Plastikhauben, daneben ein ordentlich aufgeschichteter Stapel der Lokalzeitung.

Gleich darauf werden die Gespräche fortgesetzt und ich vertiefe mich in die Speisekarte und tue so, als würde ich nicht zuhören. Sie reden über das Wetter und den Fischfang und das Vergiften der Seemöwen. Dann erwähnt jemand die Seehunde, die sich in der Bucht vor dem Hafen aufhalten. Ich bestelle mir zwei Spiegeleier, um weiter zuhören zu können.

Seehunde hier? Das kann doch nicht sein, aber die Fischer reden davon, dass es an die Tausend sind, die den ganzen Fisch wegfressen! Jetzt blicke ich auf, wende meinen Kopf hin und her, als würde ich bei einem Tennisspiel zusehen. Sie wissen, dass ich zuhöre. Vielleicht übertreiben sie meinetwegen, ich weiß es nicht, aber ihre Unterhaltung ist auf jeden Fall die beste Show am Ort.

Seehunde gehören nach Kalifornien oder Patagonien, nicht in mein kleines Fischerdorf. Fasziniert höre ich zu, wie sie von Kegelrobben und Seehunden reden und wie sie früher zwischen den hiesigen Gewässern und Neuschottland hin und her wanderten. Aber jetzt scheinen sie auch den Winter hier zu verbringen und das ärgert die Fischer. Meine Wangen brennen vor Aufregung. Es ist, als hätte jemand ein Paket vor mir abgestellt, und ich kann es kaum erwarten, es aufzumachen.

Ich höre auf zu essen und zu trinken, will nicht, dass Kauen und Schlucken meine Hörfähigkeit beeinträchtigen; ich stelle mir das Meer voller Seehunde vor und plötzlich möchte ich mit ihnen schwimmen. So lächerlich das klingen mag, ich bin mehr als fasziniert, bin vollkommen hingerissen. Ich muß bloß eine Möglichkeit finden dort hinzukommen. Ohne zu zögern nehme ich meinen Mut zusammen und frage den Mann neben mir, ob er mich hinfahren würde.

»Das ist doch nicht Ihr Ernst«, sagt er und nimmt einen großen Schluck Kaffee. Ich sehe ihn mit entschlossenem Blick an, obwohl ich über meine Verwegenheit erstaunt bin. »Sie meinen heute?« fragt er und dreht sich mit dem Barhocker zu seinem Nachbarn, als bräuchte er Bestätigung, dass er richtig gehört hat.

»Ich bleibe etwa sieben bis acht Stunden draußen«, fährt er fort, will mich wohl mit dieser Mitteilung von meinem Vorhaben abbringen. »Je nachdem, wie lange ich die Flut aufhalten kann«, fügt er mit einem Zwinkern hinzu. Diese letzte Bemerkung geht mir unter die Haut. Sich vorzustellen, den Tag nicht nach der Uhr, sondern nach den Gezeiten zu richten! »Soll mir recht sein«, erwidere ich.

Alle um die Theke herum verfolgen unser Gespräch, warten auf den nächsten Schritt – seinen oder meinen.

»Sie sollten sich besser was Warmes zum Anziehen und ein Sandwich mitnehmen«, schlägt er vor und zwingt mich, Farbe zu bekennen. Aber ich mache keinen Rückzieher. »Wir treffen uns in einer halben Stunde am Pier. Mein Boot hat den Namen ›Seal Woman‹.«

Ich schiebe den Teller weg, lege ein paar Dollar auf die Theke, stürme hinaus, rase in Rekordzeit nach Hause, wo ich mir ein Glas Erdnussbutter und einen altbackenen Bagel schnappe, eine Regenjacke, ein Handtuch und einen weiteren Pullover in einen Segeltuchbeutel stopfe und dann ganz kurz vor Ablauf der dreißig Minuten den Pier erreiche.

»Sie haben's geschafft«, sagt er und klingt überrascht, als sei das alles nur ein Witz gewesen. »Werfen Sie mir Ihr Zeug rüber und springen Sie an Bord.«

Ich bin plötzlich stumm, erröte sogar, als er die Hand ausstreckt und mir an Bord hilft. Schockiert stelle ich fest, wie sehr seine Berührung mich erregt. Ist es schon so lange her, dass mich jemand berührt hat?

Nimm dich zusammen, Joan, denke ich, als dunkle Wolken des Zweifels meine Abenteuerlust überlagern wollen. Was denke ich mir eigentlich dabei, mit einem völlig Fremden loszufahren? Ich schaue hinüber zu den anderen Booten, die sich ebenfalls zum Ausfahren bereitmachen, und nehme das Grinsen des Fischers auf dem Nachbarboot wahr. In kleinen Orten bleibt nichts unbemerkt, besonders außerhalb der Saison. Welchen Skandal habe ich da wohl heraufbeschworen? Ich weiß noch nicht mal, ob der Bursche verheiratet ist oder nicht. Tja, ich bin es auf jeden Fall noch, rufe ich mir in Erinnerung, obwohl ich diesen Trick spaßig finde. Ja, Spaß – das S-Wort, wie meine Freundinnen und ich es nannten. Wir nahmen uns vor, jeden Tag ein bisschen Spaß zu haben. Wir hatten selten Erfolg; die Bedürfnisse aller anderen kamen uns immer dazwischen.

Mir geht auf, dass ich mir diesen Mann geangelt habe! Unglaublich in meinem Alter, und warum auch nicht? Ich erinnere mich, dass ich in meinem ganzen Leben nur einen einzigen Mann »aufgegabelt« habe, einen älteren Mann, mit dem ich auf dem Flug von New York nach Dallas ins Gespräch gekommen war. Er bot mir an, mich zum Hotel zu fahren, da er sich einen Wagen leihen wollte und ich nicht. Doch als wir an den Hertz-

Schalter kamen und ich nachsah, wo ich übernachten sollte, stellte sich heraus, dass er in Richtung Dallas fuhr und ich nach Fort Worth mußte, und damit war die Sache beendet. Die einzige andere Gelegenheit, die ebenfalls im Sande verlief, ergab sich auf einem Überseeflug, nachdem man mich in die Erste Klasse verfrachtet hatte; ich bekam den Platz neben einem Mann, der wie der Footballspieler aussah, mit dem ich auf der High School gegangen war. Wir unterhielten uns während des ganzen Fluges über den Atlantik, zur Verärgerung der Umsitzenden, und planten, uns bei unserem gemeinsamen Aufenthalt in Sevilla zum Essen zu treffen. Aber seine Geschäftstermine ließen ihm schließlich keine Zeit dazu.

»Würden Sie das Tau losmachen?« fragt mein Muschelfischer und holt mich aus meinen Träumereien. »Klar«, erwidere ich eifrig. Ich komme der Aufforderung wie ein geübter Matrose nach, während er den Schlüssel ins Zündschloss steckt und den Motor anlässt. »Ich weiß noch nicht mal Ihren Namen«, sage ich und strecke die Hand aus. »Ich heiße Joan.«

»Mein Name ist Josh«, sagt er. »Joshua Cahoon.«

Wir gleiten aus dem Hafen, eskortiert von Möwen, die über uns hinwegsegeln. Zwei weiße Reiher, die auf einer Duckdalbe hocken, drehen ohne Furcht oder Interesse ihre Köpfe in unsere Richtung. Anscheinend fahren wir auf einen langen Sandstreifen zu, der von einer Himmelskuppel gehalten wird. Plötzlich empfinde ich das Vergnügen, genau dort zu sein, wo ich sein will. Mein Herz schlägt wie wild. Ich kann mich kaum erinnern, wann ich zum letzten Mal jemand anderem die Kontrolle überlassen habe – ein Wagnis eingegangen habe und zu einem Ort aufgebrochen bin, den ich nicht kenne, im Vertrauen, dass ein Fremder mich dort hinbringen würde.

Sobald wir aus dem Kanal heraus sind, erhöht Josh die Geschwindigkeit und winkt mich hinter den kleinen Windschutz, der eigentlich nur für eine Person ausreicht. Wir stehen Schulter an Schulter und ich spüre seinen wohlgeformten Brustkorb und den breiten Rücken, und ein weiterer Schauer durchläuft mich. O Gott, wie pathetisch! Trotzdem muss ich zugeben, dass ich ihn sexy finde. Nach all den Jahren in der Welt der weißen Kragen und Nadelstreifenanzüge, Hornbrillen und des ›Wall Street Journals‹ ist so ein Naturbursche ziemlich anziehend.

Ich mag zwar einen Neuenglandnamen aus besseren Kreisen tragen, aber ich konnte mich nie dementsprechend benehmen. So jemand hat sittsam, bleich, dünnlippig und ausdruckslos zu sein. Ich erinnere mich, wie ich Cathérine Deneuve zum ersten Mal im Kino sah und genau wie sie sein wollte. Auf dem Heimweg probierte ich all ihre Manierismen aus, gab mich kühl, gelassen, zart wie die Blütenblätter einer sanften, korallenroten Rose und versuchte sogar, meinen Mann herumzukommandieren, ihn dazu zu bringen, alles zu tun, was ich wollte, wie Cathérine es immer mit den Männern in ihren Filmen macht. Aber ich versagte kläglich.

Vielleicht war ich in einem früheren Leben eine muntere Schankkellnerin – wahrscheinlich in einer Mittelmeerstadt, wo die zur See fahrenden Männer robuste, standfeste Trinker waren und außerdem voller Tatkraft und Humor. Vielleicht gefällt es mir deshalb so gut hier. Ich muss ein bisschen ungebärdiger und erdverbundener werden.

Das Heulen des Windes und der Lärm des Motors machen eine Unterhaltung unmöglich. Ich betrachte Joshs große starke Hände, die das Steuerruder gepackt halten, und riskiere einen Blick in Richtung seiner kühlen blauen Augen, die jetzt zusammengekniffen sind, da wir auf den orangefarbenen Sonnenball zufahren. Sein Boot ist bescheiden, aber stabil gebaut. Es verfügt nur über das Notwendigste, erfüllt aber seinen Zweck vollkommen. Fischer leben nicht im Überfluss. Sie können es sich nicht leisten. Das beeindruckt mich. Männer, die mit wenig auskommen, verunsichern mich. Sie erinnern mich an meinen Vater, ein genügsames Genie, der aus allem etwas machen konnte.

Wir schießen durch das Wasser, reiten Welle für Welle aus. Ich bin mir nicht sicher, ob ich wieder davonlaufe oder auf eine momentane Zuflucht zusteuere. Und wen kümmert es? Das Abenteuer ist berauschend. Es erstaunt mich, wie sich meine Perspektive verändert, wenn ich von einem Boot aus zum Ufer schaue. Hier draußen scheint es unzählige unsichtbare Pfade zu geben, die Josh offenbar kennt, und wir sind frei, uns ganz nach Lust und Laune zu bewegen. Kein Wirrwarr, keine Kontrolle, keine Grenzen, keine gesellschaftlichen Zwänge.

In der Ferne mache ich eine Insel aus, eine sandfarbene Erhebung, die aus dem Nichts auftaucht, mit einem dunklen Fleck in der Mitte. Gleich darauf stellt Josh den Motor ab. »Da«, flüstert er und zeigt direkt nach vorne. Und dann sehe ich sie – Hunderte liegen auf dem Strand, glatte, weiche Klumpen in Grau, Braun und Beige, gefleckte Kreaturen, die mit ihrer Umgebung verschmelzen.

»Wie nahe können wir ranfahren?« frage ich. In dem Moment taucht ein Gesicht mit Schnurrhaaren aus dem Wasser auf. »Ist das nahe genug?« fragt Josh.

»Hallo«, sage ich spontan. Es kommt mir ganz natürlich vor, zu diesem Gesicht zu sprechen, das meinen Blick festhält und nicht ein einziges Mal blinzelt. Und dann, genauso schnell, wie er aufgetaucht ist, verschwindet der Seehund unter Wasser, kommt fünfzehn Meter entfernt wieder hoch und schaut sich um, ob ich ihm folge. Als uns die Strömung näher an die Insel treibt, rühren sich mehrere aus der Kolonie, heben ihre Köpfe, schnüffeln und beobachten. Schließlich dreht sich ein großer Bulle um, streckt seinen plumpen Körper und weckt damit seinen Nachbarn. Wie Dominosteine drehen sie sich einer nach dem anderen um, bis die samtige Decke, die bis dahin den Strand bedeckt hat, zum Leben erwacht. Wumm. Wumm. Wumm. Das Geräusch Hunderter von

Flossen, die den harten Sand überqueren, klingt wie Donner, und ich bekomme eine Gänsehaut. Sie gleiten vom Strand, auf dem sie unbeholfen und unsicher wirkten, in das klare blaue Wasser, wo sie, geschmeidig, in ihrem Element sind. Sie schwimmen auf uns zu, neugierig wegen des Bootes und unserer Absichten, tauchen auf und ab wie Schachtelteufel. Jedesmal, wenn sie hochkommen, suchen sie Blickkontakt und recken ihre Hälse, als wollten sie sagen: »Folg mir.« Ich bin wie hypnotisiert.

Joshua bricht den Zauber. »Zeit zum Aussteigen«, sagt er abrupt.

»Was? Sie machen wohl Witze«, platze ich heraus.

»Von hier aus können Sie ans Ufer waten«, fährt er fort. »Die Tiere sind an gelegentliche Besucher gewöhnt.«

»Sie lassen mich hier ... ganz allein! Ich dachte, Sie wollten nach Muscheln graben?«

»Ich fahre rüber zur Landspitze – dort sind die Untiefen. Wie gesagt, ich komme zurück, wenn die Flut einsetzt.«

Einwände würden nichts nützen. Ich habe mich auf diesen Tag und alles, was er bringen wird, eingelassen. Rasch kremple ich meine Jeans hoch, setze mich rittlings auf den Bootsrand und lasse mich in das eiskalte Wasser hinabgleiten. »Gut gemacht«, meint er und gibt mir meine Sachen. »Bis nachher dann.« Und damit legt er den Rückwärtsgang ein und verschwindet.

Ja, klar doch, denke ich. Nach dem Stand der Sonne zu urteilen, kann es nicht später als acht oder neun Uhr morgens sein. Da die Flut noch hoch steht, wird er frühestens in acht Stunden zurückkommen. Aber war es nicht gerade das, was mich gereizt hat? Den Tag nach dem Lauf der Gezeiten zu richten?

Ich wate los, meinen Segeltuchbeutel über dem Kopf. Zum Glück wird das Wasser flacher ... Huch. Ich bin in ein Loch getreten. Jetzt bin ich nass bis zur Hüfte. Verdammter Kerl! Er hätte mich ja auch näher am Ufer absetzen können. Es war dumm, Jeans anzuziehen. Sie dehnen sich nicht, kleben am Körper und sind schwer. Ich hätte sie auf dem Boot ausziehen sollen, aber das hätte sich vor einem Fremden nicht gehört.

Schließlich der letzte Schritt. Ich erreiche das Trockene und lasse mich zu Boden fallen, um zu Atem zu kommen. Ich schaue mich um, bewundere die schlichte Schönheit dieses Stückchen Lands, das keine Grenzen hat, und versuche mich zu orientieren. Wahrhaftig, ich habe schon an schlimmeren Orten festgesessen. Ich glaube, es wird ein schöner Tag werden. Auf jeden Fall lerne ich rasch, das zu genießen, was auf mich zukommt.

SEEHUNDGEFÜHL

DERSELBE TAG

Tiere können uns im täglichen Leben, bei unseren Träumen und Meditationen helfen. Da sie vor den Menschen erschaffen wurden, sind sie der Quelle näher und können uns auf unserer Suche nach Ganzheit als Verbündete, Führer und Schutzgeister dienen.

Eine Innuit-Frau

Es ist einer dieser Spätsommertage, an denen man ans Meer gelockt wird, um ein letztes Mal den Sommer zu genießen. Doch heute bin ich aus einem anderen Grund gekommen, ohne Strandstuhl und Sonnenschirm, und plötzlich habe ich das Gefühl, nicht hierher zu gehören. Ich passe nicht hierher, wurde unsanft in einer Kolonie von Seehunden an einem unbekannten Strand ausgesetzt.

Ich weiß nicht, was ich erwartet hatte. Wenn ich es recht bedenke, hatte ich gar keine Zeit, mir irgendwas vorzustellen. Ich habe aus einem Impuls heraus gehandelt und muß jetzt mit den Konsequenzen fertig werden. Ich fühle mich seltsam allein und wünschte, Josh wäre hier. Will ich mich ihm an den Hals werfen? Ich glaube nicht, obwohl ich vielleicht auf einen schmeichelhaften Funken seinerseits hoffe.

Ich bin nicht undankbar dafür, hier zu sein. Gott, nein! Das hier muss der außergewöhnlichste Strand der ganzen Welt sein und darüber hinaus einer, von dem kaum jemand weiß! Wann werde ich je lernen, mit dem, was ich habe, zufrieden zu sein, statt dauernd nach mehr zu verlangen? Meine übersteigerten Erwartungen trüben oft die Freude an dem, was ist. Im Moment starren mich mindestens vierzig wassertretende Seehunde an. Wahrscheinlich möchten sie, dass ich verschwinde, damit sie ihren Platz wieder einnehmen und sich sonnen können. Da ich mich in der Rolle des Eindringlings nie wohl gefühlt habe, erhebe ich mich, um den Rest der Insel zu erkunden. Meine Mutter hat mir viel über die Wichtigkeit der Anpassung beigebracht. Ich entwickelte ein Talent für nachgiebiges Verhalten, weil wir während meiner Kindheit so oft umzogen. »Du findest am besten Anschluss«, pflegte sie zu sagen, »wenn du nach ihren Regeln spielst, Fragen stellst und selbst etwas beiträgst.« Ich hielt mich an ihren Rat, da ich ständig irgendwo die Neue war.

Es wird heiß und ich fühle mich klebrig. Ich muss die nassen Jeans ausziehen, die inzwischen völlig mit Sand verkrustet sind. Zum Trocknen lege ich sie auf ein Büschel Dünengras und hole meinen Lunch aus dem Beutel. Während ich Erdnussbutter auf den Bagel streiche, stelle ich mir vor, es wäre ein Truthahn-Sandwich mit Avocado und Kresse. Geht das schon wieder los – die Unzufriedenheit mit dem, was ich habe. Natürlich hätte ich mich besser vorbereiten können, aber allzu oft habe ich wertvolle Zeit darauf verschwendet, mich auf Erlebnisse vorzubereiten, statt sie einfach nur zu genießen. Ich muß lernen, mich dem Augenblick zu überlassen, aber allein das Wort »überlassen« ruft Gefühle von Aufgeben und Nachgeben hervor, nicht leicht für eine zwanghafte Planerin wie mich, die den größten Teil ihres Lebens damit verbracht hat, die Show aller anderen zu inszenieren, während ich in den Kulissen auf meinen eigenen Auftritt wartete. Und was ist passiert? Das Schicksal hat gewonnen, wie immer. Ich habe keine Kontrolle mehr über meine Ehe, meine Söhne oder meine Zukunft. Alles ist ungewiss.

Eigentlich ist es eine Erleichterung zuzugeben, dass alles meiner Kontrolle entglitten ist. Es ist schwer, die ganze Zeit alles richtig zu machen, ein braves Mädchen zu sein. Gelegentlich etwas ziemlich falsch zu machen und menschlich zu sein, bietet einen gewissen Trost. Ich muß daran denken, wie ich das letzte Mal einen Strafzettel für zu schnelles Fahren bekam. In dem Moment, als ich den Streifenwagen mit seinen rotierenden Lichtern im Rückspiegel sah, sank mir das Herz. Rasch nahm ich den Fuß vom Gaspedal, wollte nicht zugeben, dass ich zu schnell fuhr, und tat so, als wäre ich nicht gemeint. Aber als der Polizist die Sirene einschaltete, wusste ich, dass ich die Scharade aufgeben musste. Ich war erwischt worden, und aufzugeben war die einfachste Lösung.

Vielleicht habe ich mich so daran geklammert die Kontrolle zu haben, weil ich befürchtete, dass sonst die ganze Familie auseinanderbrechen würde. Ich galt als stark, sogar als unverwüstlich, zwei bewundernswerte Eigenschaften, die mein Verderben waren. Aber eines Tages erkannte ich die Last, die mit Kontrolle verbunden ist: Derjenige, der kontrolliert, hat die meiste Arbeit! Seltsamerweise war es genau diese Eigenschaft, die meinen Mann zu mir hinzog. »Ich habe nie gedacht, dass ich mich um dich kümmern müsste«, sagte er nach fünfundzwanzig Jahren Ehe gleichmütig, während ich ihn völlig verblüfft anstarrte. »Du hast immer so stark und beherrschend gewirkt.« Seit dieser Bemerkung kann ich es nicht mehr leiden, stark genannt zu werden und diejenige zu sein, von der man erwartet, dass sie alles im Griff hat.

Ich muss mit diesem unaufhörlichen Geschwätz aufhören und ein Verlangen dafür entwickeln, einfach nur zu *sein*. Sanft angezogen vom fernen Brausen des Meeres, bewege ich mich zu seiner Musik, steige auf Zehenspitzen über das frisch gesprossene Dünengras hinweg, um sein Werk, den Sand dieses Strandes durch sein kilometerlanges Wurzelwerk zusammenzuhalten, nicht zu zerstören. Dünengras ist bewundernswert selbstgenügsam.

Ich erinnere mich an einen Familienausflug vor langer Zeit zu einem ähnlich abgelegenen Strand, an den wir Babys, Spielzeug, Kinderwagen, Grills, Verpflegung und alles andere schleppten, was man für so einen Tag im Freien braucht. Damals hatten wir erst einen Sohn und er war damit beschäftigt, mit diversen Vettern und Onkeln Sandburgen zu bauen, während mein Mann und ich uns in den Dünen liebten. Die Gefahr entdeckt zu werden, steigerte die Erregung. Leider blieb es ein ziemlich einmaliges Erlebnis. Erwachsen zu werden, bevor es die Pille gab, hatte mich vorsichtig und zurückhaltend gemacht, nicht unbändig und frei.

Vor der Ehe hatte ich eine Art sexuelles »russisches Roulett« gespielt und dabei vieles gewagt, nur bis zum Äußersten war ich nie gegangen. Das verschaffte mir die Ersatzbefriedigung, den Genuss des Mannes mitzuerleben, während mein Preis die Macht des Wissens war, zu seiner Euphorie beigetragen zu haben. Diese Art sicherer Sex oder halber Sex hielt mich rein, war aber alles andere als befriedigend. Mich vollkommen hinzugeben war in meiner Hochzeitsnacht unmöglich. Ich konnte nicht plötzlich loslassen, nur weil ein Pfarrer den bisher verbotenen Akt sanktioniert hatte. Ich war in einem Teufelskreis gefangen, der meinen Mann schließlich dazu veranlasste, mich für frigide zu halten.

Ich gehe jetzt schneller durch den warmen weißen Sand und merke, dass sich selbst meine Füße nach Stimulation gesehnt haben. Die ganze Insel sonnt sich und ich nehme die Wärme in mich auf. Obwohl ich das Alleinsein genieße, überkommt mich das momentane Verlangen, es mit einem leidenschaftlichen Liebhaber zu teilen. Aber das Meer bietet mir einen wundervollen Ersatz, sprüht seine schäumende Gischt hoch in die Luft wie ein Springbrunnen und lädt mich zum Spielen ein.

Eine dunkle Wolke schiebt sich vor die Sonne und ich schaudere, renne auf das Wasser zu, ohne mich bewusst hineinstürzen zu wollen, was ich dann aber trotzdem tue. Nach dem ersten Schock merke ich, dass das Wasser wärmer ist als die Luft, und beschließe, drinnen zu bleiben, bis die Sonne wieder zum Vorschein kommt. Aber die Brandung hier ist nicht zu unterschätzen. Ich kann mich nicht einfach treiben lassen, muss mich mit Entschiedenheit bewegen, um nicht von der Unterströmung hinausgezogen zu werden. *Geh nie ins Wasser, wenn vom Ufer niemand zuschaut* lautete stets die Regel, die ich jetzt breche, zusammen mit so vielen anderen. Eine sanfte Welle erhebt sich plötzlich und bäumt sich über mir auf. Impulsiv tauche ich darunter hinweg und komme auf der anderen Seite wieder heraus. Das habe ich seit Jahren nicht mehr gewagt. Ja, ich hatte sogar eine Zeit lang Angst davor, mit dem Kopf unter Wasser zu kommen. Warum werde ich mit zunehmendem Alter vorsichtiger statt umgekehrt? Ich frage mich, ob das alles mit Versagen zu tun hat. Ich neige dazu, meine Gewinne zu vergessen und mich nur an die Verluste zu erinnern. Die Misserfolge häuften sich und haben mein Selbstvertrauen zerstört, bis ich, als Erwachsene, Angst davor bekam, Risiken einzugehen.

Gleichzeitig erlebe ich aber, wie meine Söhne Risiken eingehen. Der eine ist schon mehrfach mit dem Fahrrad quer durch die USA gefahren und der andere tritt als Alleinunterhalter auf. Sie haben keine Angst davor zu versagen, was ihnen ständig passiert. Mit zwanzig war ich allerdings genau so unerschrocken: Als einzige Nichtgraduierte besuchte ich die Schauspielschule, arbeitete im Busch in Afrika, wurde Sekretärin bei der Frau des amerikanischen Botschafters, obwohl ich kaum tippen konnte, schaffte es, bis zum Chefredakteur einer Zeitschrift vorzudringen und ihm einen Artikel zu verkaufen, ohne vorher etwas veröffentlicht zu haben. Himmel, ich dachte lange Zeit, ich sei unbesiegbar, und dann hörte das irgendwann einfach auf. Ich ging keine Risiken mehr ein. Unerklärlicherweise ließ das Vertrauen in mich selbst immer mehr nach, bis ich völlig von Ängsten eingeschlossen war, die jedes Handeln unmöglich machten.

Ich glaube, es war Picasso, der sagte, er habe die erste Hälfte seines Lebens damit verbracht, erwachsen zu werden, und in der zweiten mühsam gelernt, wieder ein Kind zu sein. Habe ich deswegen in den vergangenen Sommern so sehnsuchtsvoll großäugige Kinder beobachtet? Ich war ganz bezaubert von einem dieser Kinder am Strand, dessen Mutter ständig rief: »Victoria, mach dies ... Victoria, mach das.« Victoria kümmerte sich nicht darum; sie war viel zu vertieft in ihre Umgebung, um zu essen, ihren Mittagsschlaf zu halten oder Teil ihrer Familie zu sein. Nein, Victoria befand sich in ihrer eigenen Welt, brach alle Regeln, nackt bis zum Bauchnabel, das Haar mit Salz und Sand verkurstet – die Verkörperung der Glückseligkeit.

Etwas von dieser Glückseligkeit scheine ich hier zu verspüren und wünschte mir, meine Söhne könnten mich so sehen. Sie wären bestimmt begeistert, denn ich glaube, unsere Kinder möchten ihre Eltern glücklich sehen, ausgelassen, sogar sorglos. Sie haben mir mal ein Emerson-Zitat über Erfolg gegeben, es laut vorgelesen und mir damit geschmeichelt, dass es sich anhöre, als sei ich gemeint. »*Erfolgreiche Menschen leben gut, lachen oft und lieben viel. Sie haben eine Nische ausgefüllt und Leistungen vollbracht, um die Welt besser zu verlassen, als sie sie vorgefunden haben, während sie stets in anderen das Beste sehen und von sich das Beste geben.*«»Ich arbeite mich zum Erfolg zurück«, brülle ich, als ob mich die Jungen vom Ufer aus beobachten, und schlucke einen Mund voll Salzwasser.

Ich höre ein Prusten, gefolgt von einem Schnauben, tauche unter und schwimme in tieferes Wasser. Die Seehunde sind hier – nicht nur einer, sondern viele! Sind sie mir von der anderen Seite der Insel gefolgt? Sie scheinen mir jetzt zu vertrauen; auf jeden Fall rufen sie in mir ein spontanes Vertrauen in mich selbst wach. Ich wage es, ein bisschen näher heranzuschwimmen. Ich stehe unter ihrem Bann, als würden sie mich wie ein Magnet anziehen, und beginne sie nachzuahmen, tauche unter und wieder auf, rolle mich in der Dünung, lasse mich zusammen mit ihnen treiben, verliere jedes Zeitgefühl. Unerwartet reißt mich ein großer Brecher hoch und ich lasse mich von ihm an den Strand tragen, spüre die aufgespülten Sandkörner, die an meinen Schenkeln reiben. Lachend werde ich ans Ufer geworfen – allein und lachend –, liege da, alle viere von mir gestreckt, schaue hinauf in den unendlichen Himmel und komme mir herrlich albern vor. Wie hatte ich es nur zulassen können, dass meine Tage so trübsinnig verliefen und zu vieles von mir ungenutzt blieb? Vielleicht werde ich im nächsten Leben als Seehund wiedergeboren und gezwungen sein, alles von mir zu nützen. Außer natürlich, es ist noch nicht zu spät für dieses Leben!

Im Moment hätte ich allerdings gern die zusätzliche Fettschicht der Seehunde. Es ist kühl und ich laufe den Strand hinauf zu meinem Handtuch und dem Pullover, hocke mich in eine kleine Sandkuhle, weil ich hier bleiben und dem Spiel der Seehunde zuschauen möchte. Sie nehmen mich an der Hand und führen mich zurück in die Kindheit, verändern meine Zeitwahrnehmung, sprechen zu mir durch ihre Körper. Einer taucht und kommt mit einem großen Fisch wieder hoch, den er verspeist, während zwei andere ausgelassen herumtollen. Sie sind Meister im Spielen, schauen zu mir zurück, bevor sie geschmeidig abtauchen, als wollten sie sagen: »Das ist alles, worum es geht.« Inzwischen umgibt mich ein wahres Geräuschkonzert: Möwen kreischen, Seehunde prusten, Wellen klatschen höher und höher auf den Strand. Es ist Springflut, die höher sein sollte als normal; vielleicht wird sie das ganze Inselchen überfluten. Werde ich hier festsitzen? Ich beruhige meine Nerven, weil ich ja weiß, dass der Höchstwasserstand nur kurze Zeit anhält, bevor das Wasser wieder abzulaufen beginnt. Genau so ist es mit mir – ich stehe zwischen meinem früheren Leben und dem zukünftigen. Rasch laufe ich weiter den Strand hinauf, möchte im Augenblick verweilen.

Ich bin neidisch darauf, wie die Seehunde mit ihren dicken, pelzigen Körpern umgehen, sie ganz und gar beherrschen. Warum fühle ich mich in meinem Körper nicht zu Hause? Wahrscheinlich, weil ich eine große, kräftige Frau bin und in unserer Gesellschaft nur Schlankheit zählt. Was für eine Verschwendung, nur Scham und Abscheu für etwas zu empfinden, das eigentlich gefeiert werden sollte.

Die Ablehnung meines Körpers fing schon vor langer Zeit an, als ich mit neun oder zehn Jahren pummelig wurde. Meine Mutter versteckte alle Süßigkeiten und Leckereien und teilte mir beim Essen kleinere Portionen zu. Ich merkte, dass es ihr peinlich war, als wir einen neuen Wintermantel für mich kaufen wollten und sie mir den leuchtend blauen verweigerte, den ich mir ausgesucht hatte. »Nicht bei deiner Figur«, sagte sie.

In den frühen Teenagerjahren wurde ich dünner und war begeistert von meinem neuen Tellerrock und dem rosa Pullover, den ich in den Bund steckte, um meine Taille vorzuzeigen. »Was hältst du davon?« fragte ich meinen Vater und drehte mich im Wohnzimmer im Kreis. »Hübsch«, sagte er etwas verlegen, »außer dieser Sache da oben.«

Die »Sache da oben« waren meine schwellenden Brüste. Endlich vergrößerte sich mal etwas Akzeptables an mir, aber in dem Moment wünschte ich mir, dass auch sie schrumpfen würden. Mein Körpergefühl wurde mit dem Älterwerden nur noch schlimmer. Mütter waren in den fünfziger Jahren dazu entschlossen, aus ihren Töchtern fertige Produkte zu machen, bis sie ins heiratsfähige Alter kamen. Abgeschnitten von meinem Körper, lernte ich, raffiniert zu flirten und Unterwürfigkeit vorzutäuschen, um anziehender zu wirken.

Meine beste Freundin sagte mir an ihrem Hochzeitstag, sie käme sich vor wie eine vom Fleischbeschauer abgestempelte Kuh, die zum Schlachthaus geführt wird. Sie war von Ärzten und Zahnärzten untersucht und dann ihrem Bräutigam wie ein preisgekröntes Stück Vieh übergeben worden.

Die Ansichten der Frauen über ihren Körper haben sich nicht so sehr verändert. Magerkeit ist gefragt. Hungern ist in! Man kann nie zu reich oder zu dünn sein. Mütter drängen ihre Töchter nicht nur dazu, schlank und schön zu sein, sie mühen sich auch selbst bis ins hohe Alter damit ab. Niemand scheint so natürlich oder frei zu sein wie diese Seehunde hier. Wie schade.

Was mich am meisten zu diesen liebenswerten Geschöpfen hinzieht, ist ihre Sorglosigkeit und ihre Ungezwungenheit. Domestizierung scheint Frauen in einen so unnatürlichen Zustand zu zwingen. Und doch spielte ich mit so viel Hingabe und Bereitschaft in den sechziger und siebziger Jahren die Hausfrau; die Rolle der Ehefrau und Mutter war etwas, das einem Ansehen und Seriosität verlieh. Ich buk Brot, kochte gesunde Mahlzeiten, veranstaltete erinnerungswürdige Feste; ich war das perfekte Hausmütterchen. Ich legte sogar den Hörer auf, wenn das Auto meines Mannes in die Einfahrt bog, um ihn gebührend begrüßen zu können, passte mich seiner Stimmung an, wenn sie gut war, und munterte ihn auf, wenn er missmutig war.

Niemand hatte von mir verlangt, mich so zu verhalten. Es wurde mehr oder weniger erwartet, dass die Frau ihren Mann und ihre Familie an erste und sich selbst an zweite Stelle setzte. Mir geht langsam auf, dass es umgekehrt sein müsste – dass wir uns zuerst um uns selbst kümmern sollten. Falls ich mir Sorgen gemacht habe, meine Flucht nach Cape Cod könne als selbstsüchtig betrachtet werden, sollte ich solche Gedanken von nun an unterlassen. Für mich lautet jetzt das erste Gebot, die verschütteten Teile meiner selbst wieder auszugraben – Qualitäten wie Verspieltheit, Sorglosigkeit, mich in meiner Haut zu Hause zu fühlen und meine Instinkte besser zu nutzen. Wie bei einem Puzzle muss ich die Möglichkeit finden, wieder ein Ganzes daraus zu machen.

Die Flut rauscht hoch wie ein unangekündigter Besucher, spült über meine Füße hinweg und droht mich zu verschlingen. Ich springe weg, rette meinen Strandbeutel, ziehe mich auf den schmalen Dünenkamm zurück, lasse all die neuen Gefühle in mich einsinken.

Ich bewege mich jetzt mit klareren Absichten, gehe zurück zu dem Teil der Insel, wo dieses Abenteuer begann, hinter mir das blaue Wallen des Ozeans. Ich fühle mich vollkommen glücklich.

Josh hatte versprochen, bei Flut zurückzukommen, und als sich der Tag neigt und die untergehende Sonne den Himmel orange, rosa und purpur färbt, kommt sein kleines Boot tatsächlich um die Landzunge. Rasch schlüpfe ich in meine Jeans und winke ihm zu. Dann wate ich hinaus und hieve mich kopfüber ins Boot, das voll beladen ist mit prallen Säcken frisch ausgegrabener Muscheln. Josh hat viel geerntet, genau wie ich.

Als wir ablegen, heben die Seehunde zum Abschied die Köpfe. Einige gleiten vom Ufer und schwimmen auf uns zu, spielen im Kielwasser unseres Bootes. Aber als wir uns dem Küstenort nähern, bleiben sie zurück. Ihre warmen Augen sehen mich ein letztes Mal an, dann tauchen sie ab und schwimmen davon.

»Na«, fragt Josh, »haben Sie das bekommen, was Sie wollten?«

Ich weiß nicht, was ich sagen soll. Wie soll ich diesem durch und durch praktischen Mann erklären, dass ich den Tag damit verbracht habe, mit den Seehunden zu schwimmen? Er würde denken, ich hätte den Verstand verloren, und genau so würde es dem Großteil meiner Freunde gehen. Ich wähle die einfachste Art der Antwort. »Was für ein herrliches Fleckchen«, sage ich. »Und wenn man bedenkt, dass ich all die Sommer hier war und nichts davon gewusst habe!«

Er lächelt und nickt, während ich wieder in Schweigen verfalle. Melancholie ergreift mich, weil ich weiß, dass sich ein Tag wie dieser nicht wiederholen lässt. So viele unterdrückte Wünsche sind freigesetzt worden. Ich hoffe nur, dass ich die Leidenschaft am Leben halten kann. Früher haben mir Bücher und Vorträge über die Unbilden des Lebens hinweggeholfen, aber noch nie eine Tierkolonie.

Nach sehr kurzer, zu kurzer Zeit schaltet Josh den Motor ab, und wir gleiten an seinen Liegeplatz. Ich sammle meine Sachen zusammen und klettere auf den Kai, während er die Muscheln auslädt und mir einen Korb voll Sandklaffmuscheln und kleiner Venusmuscheln gibt. »Sie haben bestimmt Hunger – lassen Sie es sich schmecken«, sagt er.

»Meine Lieblingsmuscheln«, erwidere ich. »Sie haben mir heute schon so viel geschenkt. Sind Sie sicher?«

»Es ist mir ein Vergnügen.«

Ich gehe weg, stelle mir die rohen Muscheln angerichtet auf einem Teller vor, wobei mir das Wasser im Mund zusammenläuft, bis mir plötzlich einfällt, dass ich nicht weiß, wie man sie öffnet; das war immer die Aufgabe meines Mannes. Es geht doch nichts über die Gegenwart.

Es ist wie ein Schock, hinter dem Steuer des Autos zu sitzen, durch den Ort zu fahren, Teil der allgemeinen Geschäftigkeit zu sein. Ich bin dankbar, dass ich auf dem Weg zu meinem ruhigen Haus bin, verborgen hinter den Krüppelkiefern, ein bisschen abseits am Ende eines schmalen, sandigen Pfades.

Das Cottage ist gemütlich, anheimelnd: Balkendecken, verwittertes Holz, das nach der Salzluft riecht, Petroleumlampen, die ich mehr benutze als das elektrische Licht. Es ist besonders einladend nach einem im Freien verbrachten Tag. Ich werfe meine nassen Sachen in die Wanne, ziehe mir einen Jogginganzug an und nehme eine Flasche Wein aus dem Kühlschrank. Vor einem Familienfoto bleibe ich stehen, betrachte die fünfzigjährige Frau darauf. Ich erkenne kaum ihr angespanntes Gesicht, das gezwungene Lächeln, die schweren Augenlider und das von mehr Grau als Blond durchzogene Haar.

Man sagt, man bekommt das Gesicht, das man verdient, wenn man vierzig wird – all diese sorgenvollen, verärgerten Gesichtsausdrücke, zu lange unter Make-up verborgen, werden zur nackten Wahrheit. Darin spiegelt sich wider, wer man ist und wer man war, ein Kaleidoskop endloser Muster. Nun ja, für heute bin ich zumindest ein bisschen gelockert und mag das, was ich sein könnte.

Ich entkorke den Wein und gieße mir ein Glas ein. Damit setze ich mich auf den Fenstersitz und mache mich bereit, in die vom Mondschein erfüllte Nacht hinauszuschauen. Das heutige Abenteuer hat mich gelehrt, wie einfach es ist, durch etwas so Simples wie das Unerwartete einbezogen und aufgemuntert zu werden. Ich, die programmierte Frau, mit meiner niedrigen Toleranz für Langeweile! Ich erhebe mein Glas auf die Zukunft und in dem Moment klingelt das Telefon. Meine Nummer hier ist nur wenigen Menschen bekannt. Ich überlege, ob ich es einfach klingeln lassen soll, doch dann siegt meine Neugier. Ich haste zum Hörer.

»Hallo, ich bin's«, sagt mein Mann. Seine hohle Stimme dämpft meine beschwingte Stimmung.

»Hallo«, sage ich vorsichtig. Aus den vorhergehenden Anrufen habe ich gelernt zuzuhören und erst später zu reden. Nachdem ihm die Realität unserer Trennung klarer geworden ist, verhält er sich weniger freundlich, mehr geschäftsmäßig. Beim Klang seiner Stimme wird mir unbehaglich.

»Wie geht es dir?« fragt er, eine harmlose und doch aufgeladene Frage. Wenn ich sage, es geht mir gut, und ihm geht es nicht gut, dann ist der Teufel los. Ich habe herausgefunden, dass unglückliche Menschen von anderen nichts über deren Zufriedenheit und Wohlergehen hören wollen. Ich unterdrücke meinen Impuls, ihm von meinem Tag zu erzählen, sage so wenig wie möglich, warte darauf, was er wirklich will.

»Das Haus ist verkauft«, verkündete er.

»Na prima«, erwidere ich. Nun sind wir ein Ehepaar, das zwei Zuhause hat – seins und meins –, aber kein gemeinsames Heim mehr, in das wir zurückkehren können.

»Dadurch haben wir ein bisschen überschüssiges Geld«, fährt er fort. »Ich kann hier was wirklich Hübsches mieten und du kannst einziehen.«

Ich gebe vor, nichts gehört zu haben. Er versteht nicht, dass ich kein Interesse am Umziehen habe. Punktum. Trotzdem fühle ich mich als Ehefrau verpflichtet, ihm etwas anzubieten. »Vielleicht kann ich dich am Wochenende mal besuchen«, sage ich so unverbindlich wie möglich.

»Tja, wie du meinst.« Er macht einen Rückzieher. Da wir bei unserer Trennung keine besondere Vereinbarung getroffen haben, hat er vermutlich gedacht, dass ich nach ein paar Wochen Vernunft annehme und zu ihm ziehe. Das Problem ist nur, dass ich mich an meine Einsamkeit gewöhne und sie nach einem Tag wie heute nicht nur genieße, sondern auch ihren Wert erkenne.

Nicht das, was er sagt, geht mir auf die Nerven, sondern das, was er ungesagt lässt. Ich habe die Angewohnheit, diese Lücke zu überbrücken, und begehe den schweren Fehler, ihm von den Seehunden zu erzählen.

»Seehunde«, sagt er gereizt. »Wo waren die denn?«

»Auf Monomoy.«

»Wer hat dich da hingebracht?«

»Ein Fischer hier aus dem Ort.«

»Wo hast du den denn kennengelernt?«

Egal, wie sehr ich mich bemühe, das Gespräch zu retten, unsere Laune verschlechtert sich. Jetzt habe ich ein schlechtes Gewissen und beginne, meinen Tag zu rechtfertigen, erkläre ihm mehr, als ich sollte. Ich fühle mich seltsam in seiner Schuld.

Er gibt zu, dass auch er am liebsten in den Tag hinein leben würde, »aber einer von uns muss ja schließlich praktisch denken«, sagt er. Ich unterdrücke den Drang, mich über ihn lustig zu machen, weil mir die Lust vergangen ist. Die Realität meines erstaunlichen Tages hat sich aufgelöst, das Wohlgefühl meiner Abgeschiedenheit ist zerstört. Wie oft habe ich anderen erlaubt, mir meine gute Laune zu verderben? Das Atmen fällt mir schwer, als ich einhänge. Dann weiß ich blitzartig wieder, warum ich hier bin. Ich kehre zu meinem Kissen auf dem Fenstersitz zurück und rede mit dem Mond.

FLUTSTROM

NOVEMBER

Die Frau muss allein volljährig werden. Sie muss ihr Zentrum allein finden.

Anne Morrow Lindbergh,
›Muscheln in meiner Hand‹

Ich habe mir angewöhnt, dem Licht nachzujagen, das heißt, ich stehe auf, wenn es noch dunkel ist und fahre zur Mole, um den feurigen Sonnenaufgang zu beobachten. Es erstaunt mich immer wieder, dass auch andere da sind, die der Verbeugung des einen Planeten vor dem anderen Ehre erweisen und zusehen wollen, wie zuerst ein schmaler rosa Streifen das Wasser vom Himmel trennt, gefolgt von einem breiten Fleck in leuchtendem Orange. Während die Sonne jetzt ihren Glanz auf die Gesichter der neben mir Stehenden wirft, trinke ich Kaffee aus der Thermoskanne und atme die frische Morgenluft ein.

Es ist einer dieser typischen Morgen auf Cape Cod, wo gleich nach dem strahlenden Sonnenaufgang Wolken aufziehen. Der zunächst klare blaue Himmel ist plötzlich mit flaumigen rosa Wolken gesprenkelt, die allmählich lavendelfarben werden und dann in ein bleiernes Grau übergehen, das ursprüngliche Bild trüben, als hätte jemand eine Jalousie herabgezogen, um das Licht auszusperren. Die Farbenpracht des Tagesanbruchs hat ganze acht Minuten gedauert und jetzt ist der Himmel schwarzweiß. Die Fischer sind in der Lage, sich diesen widersprüchlichen Zeichen anzupassen; sie überprüfen die subtilen Wetterveränderungen, während sie ihre Boote zum Auslaufen fertig machen. Der Himmel hat sich zwar verändert, aber das Meer bleibt ruhig, zumindest hier im Hafen. Draußen an der äußeren Sandbank, wo das geschützte Wasser auf die offene See trifft, ist es anders. Trotzdem bleibt den Männern nichts anderes übrig, als jeden Tag hinauszufahren. Sie treffen ihre einsamen Entscheidungen, spüren, was für sie und diejenigen, die sie an Land zurücklassen, das Beste ist. Ein bedeckter Himmel hält sie nicht vom Ausfahren ab – sie sind nur vorsichtiger, betrachten nichts als selbstverständlich. So sollten wir alle reagieren, wenn wir unseren Tag beginnen.

Das erinnert mich an einen heißen Augustnachmittag vor ein paar Jahren, als mein Mann und ich zum Picknick auf die äußere Sandbank fuhren. Die Brandung war einladend, die Sonne brannte und wir tauchten immer wieder in das erfrischende Wasser. Beim letzten Mal wurden wir waghalsiger, schwammen weiter vom Ufer weg, ohne zunächst zu merken, dass uns der Flutstrom auseinandertrieb. Wie sehr wir uns auch bemühten zusammenzubleiben, wir wurden beide in verschiedene Richtungen getrieben. Als eine gewaltige Welle nach der anderen auf uns niederkrachte, wurde klar, dass wir uns den Weg ans sichere Ufer nur unabhängig voneinander erkämpfen konnten. Wir mussten beide um unser Leben schwimmen oder ertrinken.

Das scheint auch jetzt auf unser Leben zuzutreffen. Wir sind vom Kurs abgetrieben worden und es bleibt uns nichts anderes übrig, als unseren Weg zurück zu finden, miteinander oder allein. Es gibt keine Rettungsschwimmer, keine Rettungsringe, an die wir uns klammern können – innere Stärke und unser Wille sind unsere einzigen Rettungsleinen. Ich sehe zu, wie die Fischer ihre Boote langsam und vorsichtig um die Bojen herumsteuern wie auf einen Slalomkurs. Es ist eine Fertigkeit, eine Form der Kunst, die Boote aus dem Hafen zu steuern, aber in der Ferne lockt das Donnern der See, und sie scheinen getrieben, dem Ruf zu folgen. Manche fahren allein aus, doch die meisten haben eine Mannschaft an Bord, Männer, die über gut entwickelte Fähigkeiten verfügen, und diese Fähigkeiten werden am sinnvollsten eingesetzt, wenn sie sie vereinen und gemeinsam arbeiten. Das ist die beste Methode, einen ansehnlichen Fang zu bekommen. Und es ist auch die beste Methode, ein erfolgreiches Leben zu führen.

Wenn mein Mann und ich doch nur gelernt hätten, besser zusammenzuarbeiten! Ich spürte von Anfang an das Bedürfnis nach einer tiefer gehenden Gemeinsamkeit. Vielleicht hat unser

Leben mit dem Friedenscorps in Afrika so gut funktioniert, weil wir vollkommen aufeinander angewiesen waren. Zwischen unserem Sohn und seiner Frau hat sich auf ihren Fahrradtouren sicherlich eine stärkere Bindung entwickelt als bei vielen ihrer Altersgenossen. Und doch sind viele von uns nur als halber Mensch in die Ehe gegangen, mit der Erwartung, durch den anderen vervollständigt zu werden. Wir klammerten uns an die Fantasievorstellung, dass der Mann, der am Altar auf uns wartete, alle Antworten wüßte.

Einmal, während eines heftigen Streits, rief mein Mann aus: »Wir schaffen es nicht, Herzchen.« Die Wahrheit dieser Worte versetzte mich in Angst und Schrecken und ich stritt sie rasch ab, verdoppelte meine Bemühungen, alles richtig zu machen. Das war damals, als die Kinder noch klein waren und ich viel zu verlieren hatte – allein erziehende Mutter zu sein war undenkbar. Doch unterschwellig hatte ich meine Zweifel. Und ich war darauf trainiert, sie nicht an die Oberfläche kommen zu lassen. Ich war davon besessen, eine erfolgreiche Beziehung zu führen, und klammerte mich an meine Illusion, wie eine Ehe zu sein hätte. Vielleicht trauere ich jetzt nicht um den Tod meiner Ehe, sondern um den Tod meiner Illusion von der Ehe.

Es ist kalt geworden und nieselt. Die meisten Boote haben den Hafen verlassen. Ich wünschte, ich wäre da draußen mit ihnen, hätte ein Ziel für diesen Tag. Allein zu sein fällt jemandem, der sich immer gern einbezogen gefühlt hat, nicht leicht. Eine Ehe zu verlassen ist genau so schwierig wie die Missachtung eines bedürftigen Kindes. Ich habe mehr als einen Monat gebraucht um zu verstehen, was ich getan habe – und was ich noch tun muß.

Aber jedes Mal, wenn ich an das Telefongespräch vor neulich Abend denke, fühle ich mich erleichtert, sogar privilegiert, von jenen getrennt zu sein, die sich so lange darauf verlassen haben, dass ich alles im Gang hielt, und keine Pflichten oder Pläne zu haben. Statt dessen stehe ich hier und träume und denke und sehe zu, wie das Meer sich leert und wieder füllt.

Die Menschen, die hier mit mir auf der Mole stehen, scheinen alle in unterschiedlichem Maße auf der Suche zu sein. Ich mache mir Gedanken über sie, stelle mir vor, dass ihr Leben interessanter ist als meines. Ich bilde mir ein, dass diese Fremden all das haben, was in meinem Leben fehlt – befriedigenden Sex, gemütliche Abende am Kamin, perfekte Jobs, gut geratene Kinder. Doch diese anfänglich unterhaltenden Vorstellungen deprimieren mich bald, bis ich mich an die vertraulichen Gespräche mit Freundinnen erinnere, bei denen sie kein Blatt vor den Mund nahmen und ihre Geheimnisse ausplauderten – Frauen, die zu zuviel Sex gezwungen wurden oder nie Sex hatten, die aufreizende schwarze Wäsche anzogen und sich lasziv gaben, um ihre Männer aufzuheizen, die sich auf Dreiecksbeziehungen einließen oder Opfer passiver Aggression waren, die jemanden ertragen mussten, der sie betrügt oder nur einfach langweilig ist.

Trotzdem kommt es mich hart an, die beiden jungen Verliebten zu betrachten, die an einem nahe geparkten Auto lehnen, eingehüllt in eine Decke und ganz mit sich selbst beschäftigt, oder den muskulösen Jogger, der sich, wie ich mir einbilde, für eine ebenso gut aussehende Partnerin fit hält, oder das Paar in dem Mercedes, das nur friedlich nebeneinander sitzt.

Neid ergreift mich und ich wünsche mir, auch von jemandem gehalten zu werden, bis mich ein Paar in mittlerem Alter ablenkt. Er starrt stur geradeaus, mit steinernem Gesicht, die Hände in den Taschen seines Parkas vergraben, allein mit seinen Gedanken. Seine Frau steht ein paar Schritte von ihm entfernt, das Gesicht unter einer Kapuze verborgen, genau so allein, entfremdet. Ich erinnere mich an einen Abend mit meinem Mann vor vielen Jahren. Wir waren in ein romantisches Gasthaus gefahren, in der Hoffnung, den Funken zwischen uns wieder anzufachen. Da saßen wir, in dieser bis aufs i-Tüpfelchen perfekten Umgebung, und tranken eine Flasche Pinot Noir. Mein Mann stellte mich ins Rampenlicht. Geschmeichelt darüber, dass er mich danach fragte, was ich zur Zeit las und recherchierte – ich beschäftigte mich damals mit Sinnlichkeit und Sexualität –, verbreitete ich mich in lyrischer Form über Erotik. Ich verfolgte einen bestimmten Zweck damit, hoffte, er würde sich anstecken lassen und eins würde zum anderen führen. Aber statt dessen entstand eine Debatte daraus. Ich hörte einen Mann, der hungrig nach Sex war und die Nase voll hatte von einer Frau, die zu sehr in ihrem Kopf lebte. Ich verstummte und er wurde steinern. Ein Vorhang hatte sich zwischen uns gesenkt.

Für den Augenblick muß ich mich damit trösten, die einsamen Spaziergänger zu betrachten, die an mir vorbeikommen, meist Frauen mittleren Alters wie ich. Ihre Gesichter zeigen eine entschlossene Kraft und scheinen frei von Belastungen zu sein, nicht mehr gestrandet im Leben anderer. Ihr Gang deutet auf Zuversicht und Selbstachtung hin; sie sind vielleicht erleichtert, dem Tumult der Beziehung entronnen zu sein. Ich leide weniger Schmerz, so kommt es mir vor, wenn ich allein bin, statt in der Gegenwart eines gleichgültigen Partners.

Trotzdem hat dieses Sichgehenlassen seinen Preis. Ich stehe hier und halte die Freiheit in der einen und Schuldgefühle in der anderen Hand – nicht deswegen, weil ich gegenüber meinem Mann versagt habe, sondern für die verborgenen Gedanken, die ihn nicht mit einschließen. Ich fühlte mich dazu gezwungen, für eine relative Gleichheit zwischen uns zu sorgen, und bemühte mich sehr, jede Kluft zu überbrücken. Unsere Verschiedenheit ängstigte mich. Für mich war sie ein Anzeichen einer Art von Untreue ihm gegenüber. Selbst jetzt kommt es mir wie eine schwere Sünde vor, ihn verlassen zu haben – ein dummer Versuch einer verspäteten Pubertät. Die Kritikerin in meinem Inneren wirft mir immer noch vor, mich außerhalb der Norm gestellt zu haben. Warum sollte mir erlaubt sein, einer solchen

Hemmungslosigkeit zu frönen, wenn er nicht dasselbe tun kann?

Armer Kerl! Er stammt aus einer Männergeneration, die darauf zählte, dass Frauen Ehefrauen sind, die eine Ehefrau nicht nur für den glatten Ablauf des Alltags brauchten, sondern auch des Ansehens wegen. Es wirkt nicht gut, dass wir getrennt leben. Mein Gespür sagt mir, dass er nur, wenn wir wieder zusammen kommen und unser Familienleben wiederherstellen, aufhören wird, wütend zu sein.

Und daher frage ich mich, wie lange ich diese Trennung ausdehnen und mein schlechtes Gewissen beschwichtigen kann, während ich mich heile und wiederbelebe. Ich erinnere mich an die Worte einer Freundin, die während eines gemeinsamen Essens verkündete, dass jeder, der behauptet, ständig verliebt zu sein, ein Lügner ist. »Ich bin fünf oder sechs Jahre vollkommen glücklich gewesen«, erklärte sie, »fand die Beziehung zehn Jahre lang erträglich, habe mich vier Jahre lang halbwegs unwohl darin gefühlt und bin seitdem einigermaßen zufrieden.« Ich war erstaunt über ihre Aufrichtigkeit, vor allem, da ihr Mann neben ihr saß. Aber auch ich habe gelernt, dass ich nicht vorspielen kann, was ich nicht empfinde, und dass zu viel Lebenskraft darauf verschwendet wird, es zu versuchen.

Tritt Veränderung nur dann ein, wenn wir aufhören, das von uns erwartete Leben zu führen? Die Ehe sollte doch, genau wie jede andere Institution, nicht einengen und niemanden unterdrücken. Himmel noch mal, jede Ehe braucht Anregung von außen. Wie kann ein Partner, so bemerkenswert er auch sein mag, für den anderen alles sein? Es ist absurd, das zu glauben. Mir bleibt keine andere Wahl als mich so schnell wie möglich zu verlieben – nicht in einen Mann, sondern in mein momentanes Leben und schließlich in mich selbst. Ich bin frei, meine eigenen Entscheidungen zu treffen, und ebenso frei, die Konsequenzen zu tragen. Es ist befreiend, barsch, gleichgültig und gefühllos zu sein. Zumindest erlaubt es mir, die andere Hälfte meines Selbst zu entwickeln. Und damit habe ich meine Freiheit verkündet und bin so ziemlich im Frieden mit mir. Jetzt muss ich nur noch dafür sorgen, dass keine Schuldgefühle übrig bleiben.

Es ist acht Uhr morgens und der Tag hat endgültig begonnen. Um mich herum herrscht Geschäftigkeit. Ich erwache aus meinen Träumen, kehre in die Realität zurück: Ich brauche einen Job, nicht nur zur Aufstockung meiner Ersparnisse, sondern auch, um mir meine geistige Gesundheit zu erhalten. Meinen Mann zu bitten, mir finanziell unter die Arme zu greifen, kommt mir absurd vor. Ich will selbst für meinen Lippenstift, meine Unterwäsche und meinen Unterhalt aufkommen: ich will mich nicht ausgehalten fühlen. Vor mir im Fenster von Nickersons Fischmarkt hängt ein Zettel: AUSHILFE GESUCHT. Ohne zu zögern betrete ich den Laden. Der Besitzer ist damit beschäftigt, Fisch auf einem Marmorbrett zu portionieren. Er schaut mich über seine Halbbrille an, als die Ladenglocke bimmelt.

»Was kann ich für Sie tun?«, fragt er, nimmt an, dass ich Fisch kaufen will, statt mich um die Stelle zu bewerben. Kräftige Männer in gelben Gummischürzen schleppen im anschließenden Lagerraum riesige Kisten mit in Eis verpacktem Fisch; Frauen sind keine zu sehen. Was für einen Job kann es hier für jemanden wie mich geben, frage ich mich.

»Ich brauche . . . ich möchte mich um die Stelle bewerben, die Sie im Fenster ausgeschrieben haben«, platze ich heraus.

»Sie wollen hier arbeiten?«, fragt er und lacht leise bei der Vorstellung. Ich bin mittleren Alters und offiziell noch nicht mal ortsansässig. Alles rund um den Hafen wird fast ausschließlich von Einheimischen betrieben. »Warum wollen Sie hier arbeiten?«, will er wissen.

»Ich bin gerne am Hafen«, sage ich und füge ohne nachzudenken hinzu: »Ich bin Schriftstellerin und immer auf der Suche nach einer Geschichte.« Die Worte sind aus meinem Mund, bevor ich sie richtig ausformuliert habe.

Er legt das Messer hin, wischt sich die Hände an einem Tuch ab, kommt näher und betrachtet mich durch seine Brille. »Das ist Schwerstarbeit, wissen Sie – die Kisten schleppen und den Fisch wiegen, zum Hummertank hinaufklettern und mit den Kunden umgehen.«

»Das schaffe ich schon«, lüge ich. »Außerdem, schließen Sie nicht an Weihnachten für den Rest des Winters? Wenn Sie nicht mit mir zufrieden sind, können Sie mich dann immer noch loswerden.«

»Damit haben Sie Recht«, sagt er. »Wie wär's, wenn Sie morgen früh anfangen?«

Und so werde ich Teil der arbeitenden Bevölkerung. Ich habe eine Rettungsleine gefunden, zumindest für den Moment.

WASSERTHERAPIE

ENDE NOVEMBER

Wir können nichts in Wasser schreiben ..., wir können nichts in Wasser meißeln. Die Eigenschaft des Wassers ist das Fließen, und genau so sollten wir das Leben betrachten ..., die Empfindungen, negative oder positive. Lehne sie nicht ab, sondern lasse sie stets durch dich hindurch und von dir fort fließen.

Anonym

Die Fahrt zur Arbeit unter dem zementfarbenen Himmel macht meine Ankunft dort umso herzerwärmender. Der Fischmarkt ist in helles Licht getaucht, alle Wände sind strahlend weiß gestrichen und schimmern selbst an den dunkelsten Tagen. Die Fahrt ist kurz und ereignislos, führt über gewundene kleine Straßen, bis ich das Meer erreiche und noch ein paar Kilometer am Ufer entlangfahre. Heute ist es bitter kalt, der Nordostwind peitscht Schaumkronen auf die Wellen, so weit ich sehen kann. Das Meer ist mit Energie aufgeladen, die wiederum mich auflädt. Als ich den Fischmarkt betrete, reißt mir der Wind die Seitentür aus der Hand und schlägt sie hinter mir zu. Im Lagerraum geht es geschäftig zu, der Boden ist mit frisch gefangenem Kabeljau, Seezungen und Heilbutt bedeckt, die auf das Filetieren warten. Ich steige über die Fische hinweg, die mich mit ihren toten Augen anstarren, hänge meinen Mantel an einen Haken und melde mich im Laden, wo schon mehrere Kunden warten.

»Was kann ich für Sie tun?«, frage ich zwei Männer, die fasziniert in den Hummertank schauen.

»Wir haben uns gefragt, ob Sie da drin einen toten Hummer haben«, erwidert der eine. Ich sehe hinein. Ein Zweipfünder hat sich ganz unten in eine Ecke verkrochen, isoliert von den anderen, und liegt vollkommen still. Bei näherem Hinsehen nehme ich eine schwache, wellenförmige Bewegung wahr – sein Panzer scheint ein wenig über seinem Körper zu schweben.

»Er häutet sich«, sagt der Besitzer gleichgültig, »wirft seinen Panzer ab, um mehr Fleisch anzusetzen und größer zu werden.«

»Erstaunlich«, flüstere ich, noch ganz gebannt. Mir geht auf, dass man nicht oft einen Wachstumsprozess und körperliche Veränderung beobachten kann. Ich respektiere den Instinkt des sich häutenden Hummers, der sich versteckt, solange er schutzlos und verletzlich ist, und erst hervorkommt, wenn er wieder abwehrbereit ist.

Die Geräusche des spritzenden, strömenden, gurgelnden Wassers, die mich hier ständig umgeben, machen diese sonst eher profane Arbeit zu einem sinnlichen Erlebnis. Es ist wie Wasserspiele. Tag für Tag hier zu sein, bringt allmählich Erleichterung für die geistige Dürreperiode, in der ich mich befinde, die Routine der Arbeit wehrt Depressionen ab und belebt mich.

Ich bin bereits die dritte Woche hier und der Reiz des Neuen ist noch immer nicht verflogen. Allein die Erwähnung meines Arbeitsplatzes ruft Erstaunen hervor. Die Reaktion der Leute amüsiert mich. »Was machen Sie?«, fragt eine Nachbarin. Sie hält alles, was mit Fisch zu tun hat, für Männerarbeit. Mir macht es Spaß, mich selbst zu beweisen – Eimer mit Hummern zu schleppen und zu wiegen, Muscheln für Fischbrühe zu öffnen – und dabei zu wissen, dass die Männer im Lagerraum, genau wie meine Nachbarin, mich von Kopf bis Fuß mustern und sich fragen, wo zum Teufel ich eigentlich herkomme.

Was niemand weiß und was ich vergessen hatte, ist, dass ich mich schon lange von diesem Fischmarkt angezogen gefühlt habe. Dieser klapprige alte Schuppen, der direkt am Hafenbecken steht und sich seit Jahren nicht verändert hat, ist ein Trost für mich. In den vergangenen Jahren habe ich die Fischerfrauen dabei beobachtet, wie sie am Kai Muscheln öffneten, während andere die Haken mit Ködern bestückten und Netze flickten, aber ich hatte nicht ahnen können, dass ich eines Tages Ähnliches tun würde. Das Gegenteil von dem zu sein, was ich vorher war, eröffnet mir ganz neue Sehweisen.

Trotzdem gibt es Hindernisse. Die Kleiderordnung zum Beispiel – Jeans oder Khakihosen mit hineingestecktem marineblauem Oberteil. Da ich nie über eine ansehnliche Taille verfügte, verberge ich meine Figur normalerweise unter übergroßen, bauschigen Pullovern. Ich bewahre mir meine Eitelkeit, indem ich eine der gelben Gummischürzen überstreife, die sonst meist von den Männern getragen werden. Und dann ist da diese temperamentvolle Kasse, die piept und summt, wenn ich auf eine falsche Taste drücke, was mehrfach am Tag passiert. Dann kommt die Frau des Besitzers, seufzt über meine Dämlichkeit und bringt den Fehler in Ordnung, während die ungeduldigen Kunden zusehen und warten. Danach muß ich das Ganze von vorne beginnen, komme mir dumm und bloßgestellt vor wie damals im College, als ich Teilzeitjobs annahm, die mich überforderten, was meist dazu führte, dass ich gefeuert wurde.

Wann werde ich es je kapieren? Trotzdem mache ich gute Miene zum bösen Spiel, versuche meine Unsicherheit hinter größerem Eifer und Enthusiasmus zu verbergen, obwohl die geröteten Wangen und das verschwitzte Gesicht meine Verlegenheit und die Zweifel an mir selbst nur allzu deutlich machen.

Ich versuche, mich und die Arbeit nicht zu ernst zu nehmen, aber ich muß Strom-, Wasser- und andere Rechnungen bezahlen. Ich bin eine Perfektionistin und will es immer allen recht machen, habe aber häufig das Gefühl, sie zu enttäuschen. Da ich zu stolz bin und zu sehr auf das Geld angewiesen, um den Job hinzuschmeißen, mache ich meine Unzulänglichkeit dadurch wieder gut, dass ich früher anfange und länger bleibe, ohne mir diese Extrazeit bezahlen zu lassen. Warum habe ich, wenn mich jemand einstellt, stets das Gefühl, dass derjenige mir einen Gefallen erweist statt umgekehrt? Wie rasch lasse ich mich auf das Gefühl reduzieren, ein Kind zu sein, das nach Lob und Anerkennung giert und Bestätigung für seine Leistungen braucht. Mein Vater sagte immer, ich sei übersensibel. Tja, wer mag schon dauernd alles falsch machen? Wer genießt Kritik?

Ich wollte immer so brillant sein wie mein älterer Bruder, der an einem Aprilmorgen in seinem High-school-Abschlußjahr am Telefon stand und einen Anruf nach dem anderen von Elitecolleges entgegennahm, die ihm Stipendien und Preise anboten. Als ich soweit war, erklärte eine Schulberaterin meiner besorgten Mutter, wo Versager wie ich aufgenommen werden könnten. Ich wurde auf ein Junior College geschickt – ein Mädchenpensionat, wie sie damals genannt wurden –, auf dem attraktive, dumme Blondinen den letzten Schliff bekamen und hinausgeschickt wurden, nicht in die große Welt, sondern in die enge Begrenzung der Ehe. Das Problem war nur, dass die Schule es nicht schaffte, mir diesen letzten Schliff zu verpassen. Stattdessen entließ sie mich mit klaffenden Lücken in meinem Herzen und meiner Seele, die ich jetzt zu füllen versuche.

Am meisten aber wird mein Ego in diesem Job gezähmt. Es dauert eine Weile, bis ich mich daran gewöhnt habe, Dienerin zu sein statt Herrin. Die betuchten Ortsansässigen scheuchen mich herum, ohne mir in die Augen zu sehen, oder sie bestehen darauf, vom Besitzer bedient zu werden, von dem sie eine größere Zuvorkommenheit erwarten. Zuerst war ich beleidigt über dieses arrogante Verhalten. Was bildeten die sich ein! Genau wie sie habe ich die Welt bereist, bin gebildet, habe sogar ein paar Bücher geschrieben. Aber wen kümmert es, was sie denken? Es geht mir hier ja nicht darum, Eindruck zu machen. Also halte ich mich zurück, spreche nur, wenn ich angesprochen werde, portioniere ihren Fisch und tue so, als würde ich ihnen gerne dienen.

Nur gegenüber der Frau des Besitzers, die mich für eine glücklich verheiratete, etwas ausgeflippte Schriftstellerin auf der Suche nach einem neuen Romanstoff hält, verstelle ich mich wirklich. Wenn sie wüsste! Aber ich werde ihr meinen reichlich unklaren ehelichen Status nicht gestehen, vor allem, da sie und ihr Mann ein eingespieltes Team zu sein scheinen, gleichermaßen voneinander abhängig. Außerdem ist mir rasch klar geworden, dass verheiratete Frauen unverheirateten wenig trauen. Sie und ich werfen uns spaßige Bemerkungen zu, meistens über Ehemänner und Kinder, wenn sie sich nicht gerade die

Leidensgeschichten der Kunden anhört. Der Fischmarkt ist ein regelrechter Umschlagplatz. Die Leute kommen nicht nur her, um Fisch zu kaufen; sie suchen Bestätigung und kommen, um Neuigkeiten auszutauschen. Wir wissen immer, wer heiratet und wer zu Grabe getragen wird.

Da ich täglich dieselben Gesichter sehe, kann ich allmählich erraten, wie diese Menschen leben. Da sind die Witwen mit ihrem geringen Einkommen, die nur ein paar Gramm Kabeljau kaufen. Die Arbeiterfrauen, junge Mütter, die Schwertfisch kaufen wollen, sich aber nur Wels leisten können. Dann diejenigen, die nach Fischköpfen und Hummerabfall fragen, die sie angeblich als Köder verwenden wollen; ich denke mir, dass sie Fischsuppe daraus kochen, die für zwei Tage reichen muss. Und dann die Betuchten, »ausgehaltene Frauen«, wie ich sie nenne, die in weitläufigen Villen am Meer mit Korbmöbeln auf der Veranda wohnen, wöchentlich Blumen geliefert bekommen, teure Marken-Freizeitkleidung tragen, sich in riesigen Badewannen aalen und Bidets benutzen und die ganze Lachsfilets bestellen mit der Anweisung, sie »auf die Rechnung zu setzen«, während sie zur Tür hinausrauschen.

Ich habe nie das Privileg besessen, »ausgehalten« zu werden, falls man es denn als Privileg betrachten kann. Ich schaue in die glatten Gesichter dieser mannequinartigen Frauen und frage mich, ob es einen wohl glücklicher oder trauriger macht, alles zu haben. Macht es einen frei?

Mein Rücken tut mir weh, aber es müssen noch mehrere Hummertanks ausgeschrubbt werden. Ich glaube, dass ich mehr als ein bisschen neidisch auf diese Frauen bin. Doch es wird bestimmt Grundregeln geben, nach denen sie leben müssen, Regeln, die von ihren Ehemännern und von der Gesellschaft aufgestellt wurden und die zu beachten sind. Seinen eigenen Lebensunterhalt zu verdienen hat eine Menge Vorteile.

Jedes Mal, wenn ich aufgeben will, halte ich mir vor Augen,

daß es bei diesem Job um meine Unabhängigkeit geht wie auch darum, über Kritik hinauszuwachsen, meine Unwissenheit anzuerkennen und mit meiner gelegentlichen Arroganz fertig zu werden. Und da ich mich für ein einfacheres Leben entschieden habe, finde ich Vergnügen an kleinen Dingen, die andere vielleicht langweilig fänden.

Heute Abend geht es um Zusammensein. Ich war nicht erpicht darauf, den ganzen Abend allein zu verbringen. Einer der Männer aus dem Lagerraum hält mich an der Tür auf. »Wollen Sie ein Bier?«, fragt er mich, wie er das jeden Abend tut.

»Sie wissen, daß ich kein Bier trinke«, antworte ich. »Was anderes wäre es, wenn Sie mir ein Glas Wein anbieten würden . . .«

»Und genau das tue ich«, sagt er, hebt den Deckel der Eiskiste und holt eine Flasche Gallo Chablis heraus. Nicht meine Sorte, aber die Einladung, noch ein wenig dazubleiben, ist zu verlockend. Außerdem wirft es mich immer um, wenn jemand einen Wunsch oder ein Bedürfnis von mir vorausahnt. Heilfroh, in Gesellschaft zu sein, wage ich zu bleiben, werfe meinen Mantel beiseite und setze mich auf den nächsten umgedrehten Eimer. Ich brauche keine Distanz mehr zu wahren. Die Männer hier sind alles an Gemeinschaft, was ich momentan habe.

Der anspruchslose Wein ist ebenso erfrischend wie die Unterhaltung, die mit zweideutigen Bemerkungen und Witzen gespickt ist. Ich lache viel, was ich seit Wochen nicht mehr getan habe. Lachen erfordert Gesellschaft, außer man lacht über sich selbst. Es ist ein gutes Gefühl, hier zu sein – nicht nach Hause zu eilen oder einer Verpflichtung nachkommen zu müssen. Natürlich habe ich hier keine, nicht wie in meinem früheren Leben, das von Zeitplänen bestimmt wurde. Ich fühle mich wohl bei diesen wettergegerbten Männern um die dreißig, die wie vierzig aussehen, sich Zeit füreinander nehmen und ihre Kameradschaft schätzen.

Ich trinke ein Glas Wein, dann noch eines. Sie stellen sich

Fragen über meine Familie, mein einsames Leben, zögern aber, mich danach zu fragen. Fischer sind Einzelgänger. Sie bleiben unter sich und gestehen das auch anderen zu. Ich spüre, dass sie mich mögen, sogar Achtung davor haben, wie gut ich arbeite. Nur zu gerne bin ich der Voyeur, schaue hinter die Kulissen, erfahre mehr über unbekannte Leben. Hier mit diesen jungen Männern zu sitzen lässt mich meine Söhne vermissen. Ich frage mich, was sie wohl machen, wünschte, wir könnten auch so locker zusammensitzen. Diese Männer haben keine Ahnung, wie gut es mir tut, von ihnen aufgenommen zu werden. Ich fühle mich als Teil eines Ganzen. Für den Moment bin ich eine von ihnen.

WELLEN DER WAHRHEIT

MITTE DEZEMBER

*Um dahin zu gelangen, wo du schon bist, und
fortzukommen von dort, wo du nicht bist
Musst du einen Weg gehen, der keine Verzückung
kennt.*

T.S.Elliot, ›East Coker‹

Jeden Morgen weckt mich die Kälte im Haus, und ich beeile mich, ein neues Scheit in den Ofen zu legen, bevor die rotglühenden Kohlen zu Asche werden. Danach stelle ich den Wasserkessel auf den Ofen und sitze zusammengekauert daneben, bis er zu pfeifen beginnt.

Das ist mein morgendliches Ritual, nichts sonderlich Kompliziertes, außer ich habe am Abend zuvor vergessen, mir Holz hereinzuholen. Ich stecke tief in dieser Zwischenphase meines Lebens, in der es am besten scheint, auf aktive Weise passiv zu sein, an wenigem beteiligt, doch vieles wahrnehmend. Mein Instinkt hat mir geraten, mich abseits zu halten und die vielen unverpackten Geschenke zu betrachten, die die Natur zu bieten hat. Die Natur ist in Winterschlaf gefallen, genau wie ich.

In früheren Jahren bedeuteten Wintertage und -abende, sich am Kamin zusammenzufinden, in dem die Holzscheite knackten, während das Chili auf dem Ofen blubberte und die Jungen, verschwitzt und aufgedreht von ihren Basketballspielen, das Haus mit dem Zauber ihrer Jugend erfüllten. Jetzt esse ich allein, unterhalte mich mit mir selbst, hacke Holz und schleppe es hinein, setze meine persönliche Pilgerfahrt fort, kämpfe mit der Dunkelheit und hoffe, das Licht zu sehen. Diese abgelegene Halbinsel, die in die See hinausragt, macht es der Pilgerin leichter, auf ihrer Suche zu bleiben, selbst zu dieser festlichsten Zeit des Jahres, weil hier die ursprüngliche Stimmung der Jahreszeit erhalten geblieben ist.

Ich habe die Bedeutung von Weihnachten immer geliebt, aber in letzter Zeit überwältigte mich die Übertreibung. Wenn ich den erschöpften Ausdruck im Gesicht vieler Frauen sehe, die sich abhetzen, um es allen recht zu machen, wird mir klar, dass das moderne Weihnachtsfest zu Lasten der Frauen geht. Wir haben die Aufgabe übernommen, unser Heim mit Freude zu erfüllen, ob die Familie es will oder nicht. In den vergangenen Jahren hatte ich dieses Gebot so verinnerlicht, dass ich für die Feiertage zwanzig Familien und mehr zu uns einlud, zum Basteln und Weihnachtslieder singen und gemeinsamen Essen, nur um sicherzustellen, dass durch sie und ihre mitgebrachte Fröhlichkeit unser Haus voller Freude war.

Und selbst wenn ich jemand gewesen wäre, die solche Einladungen mühelos bewältigt (was nicht der Fall ist), würde ich immer die Letzte bleiben, auf die sich die Stimmung übertrug, so beschäftigt war ich damit, sie für alle anderen herzustellen. Mein alter Lesezirkel hatte stets das Dezembertreffen ausfallen lassen. »Wir haben keine Zeit«, sagten die Frauen, »keine Zeit, uns zu treffen, und erst recht nicht zum Lesen.« Wie schade, dachte ich. Besonders bei den hektischen Weihnachtsvorbereitungen hätten ihnen ein paar freie Stunden sicher gut getan. Ein paar von uns gelang es im vergangenen Jahr, sich an einem Abend zu treffen. Wir tranken Sherry und tauschten Weihnachtserinnerungen aus. Und es wurde der zauberhafteste Abend der ganzen Weihnachtszeit.

Ich bin froh, dass mir dieser Abend gerade jetzt wieder eingefallen ist, wo ich allem Weihnachtlichen aus dem Weg gehe und stattdessen wie ein einsamer Schlittschuhläufer von einem Ende des Teiches zum anderen gleite, in krassem Gegensatz zu dem üblichen Festtagsgewimmel.

Dies ist definitiv kein Jahr für Weihnachtskarten oder Briefe. Ich habe einige bekommen und keine verschickt, lasse mir vom Anrufbeantworter die guten Wünsche und Fragen vom Leibe halten. Da ich mir über meine Zukunft immer noch nicht im Klaren bin, gehen mir alle diesbezüglichen Fragen, auf die ich konkrete Antworten geben muss, auf die Nerven. Statt zu reden, halte ich in meinem Tagebuch meine Ideen fest und klammere mich dann an den Gedanken: »Leben ist Veränderung, und um ein perfekteres Leben zu erlangen, muss man sich oft verändern.« Aber ehrlich, muss ich so weit gehen?

Ich beschließe, heute früh zur Arbeit aufzubrechen und an der kleinen Kirche zu halten, in die ich regelmäßig gehe. Sie liegt in einer Senke, umstanden von Kiefern, am Ende des Ortes, und sobald ich sie betreten habe, sinke ich im dunklen Inneren auf die Knie und bitte wen auch immer um Vergebung dafür, dass ich meinen Mann verlassen habe, mir mehr wünsche, als ich verdiene, und in einer Weise gehandelt habe, die sehr selbstsüchtig scheint.

Kirchen machen mich demütig, haben manchmal sogar eine stabilisierende Wirkung auf mich. Ich würde nicht daran denken, eine Geschichte oder ein Buch zu verkaufen, ohne auf dem Weg zu einem Treffen mit dem Verleger eine Kirche betreten zu haben. Heute will ich anscheinend nur hier sitzen und jede Botschaft aufnehmen, die mir gewährt wird. Die leere Krippe, die auf dem Altar steht und darauf wartet, mit der Heiligen Familie und ihren Besuchern gefüllt zu werden, beunruhigt mich. Habe ich dadurch, dass ich mein Heim und meinen Mann verlassen habe, unsere persönliche Krippe für immer geleert? Ich hoffe nicht, aber das Problem mit Weihnachten ist, dass es solche Erinnerungen bringt und solche Fragen auslöst.

Ich verlasse die Kirche, fühle mich mehr beunruhigt als getröstet und hoffe, dass die Fahrt durch den Ort mich aufmuntern wird. Die grauen Schindelwände sind mit Kränzen geschmückt, elektrische Kerzen leuchten auf den Fensterbrettern, und der Eisen- und Haushaltswarenladen hat sein Fenster mit schimmernden roten Wagen und Schlitten dekoriert. Zum Glück fehlt es diesem kleinen Ort an dem übertriebenen Glanz und Glitter, der mich stets deprimiert. Das erlaubt mir, diesem psychischen Bombardement zu entkommen. Trotzdem kann ich mich nicht gegen die weihnachtliche Nostalgie wehren, wenn ein Kunde in den Fischmarkt kommt und eine große Bestellung aufgibt. An der Menge der Hummer und Austern, die er bestellt, und wann sie geliefert werden sollen, kann man erkennen, wie viele Leute eingeladen sind und wann die Familie eintreffen wird. Es ist deprimierend daran zu denken, dass meine Söhne nicht nach Hause kommen werden. Ich war so tapfer, als sie mir von ihren Weihnachtsplänen erzählten, die uns nicht einschlossen, aber insgeheim fühlte ich mich verlassen. Da ich nicht aufdringlich sein wollte, akzeptierte ich ihre Entscheidung und hoffte, dass sie im nächsten Jahr kommen würden. Ich wusste, dass ihre Zeit knapp bemessen sein würde, nachdem sie verheiratet waren, aber es zu wissen und es dann zu erleben, sind zwei ganz verschiedene Dinge. Wir haben die Feiertage seit drei Jahren nicht mehr zusammen verbracht. Es schien einfach aufzuhören, genau wie alles andere sein natürliches Ende fand – wie das letzte Mal, als einer der Jungen zu uns ins Bett kroch oder ich ihn auf der Hüfte trug oder sie sogar nackt sah. Solche Momente verfliegen so schnell, dass man erst viel später merkt, es war das letzte Mal. Ich beneide Geschiedene, die sich die Zeit mit den Kindern aufteilen und sich daran halten müssen.

In dem Moment tönt aus dem Radio des Fischmarktes »I'll Be Home for Christmas«, und das nimmt mich so mit, dass ich in der Toilette verschwinde und mich erst einmal ausweine. Mein Mann wird über die Feiertage kommen, was mich noch weinerlicher macht. Sind wir zum jetzigen Zeitpunkt zu einem Wiedersehen bereit? Ich weiß es nicht, aber die Alternative, das Fest allein zu verbringen, scheint undenkbar. Die Tränen fließen schnell, wenn ich in dieser Stimmung bin. Ich wische sie weg, schlucke meinen Kummer und gehe zurück zu den Kunden, unter denen ich einen weißbärtigen Mann mit einer selbstgestrickten Zipfelmütze entdecke. Er schaut mich durch seine runde Stahlbrille an. »Sie müssen der Weihnachtsmann sein!«, sage ich, zwinge mich zu der fröhlichen Begrüßung.

»Das hat man mir schon öfter gesagt«, erwidert er.

»Sie haben ihn bestimmt auch schon gespielt«, sage ich.

»Erst gestern wieder«, meint er mit einem Zwinkern.

»Also ich war ungezogen und brav«, fahre ich fort und genieße das Spiel. »Wissen Sie, was ich mir zu Weihnachten wünsche?«

»Sie haben alles, was Sie sich wünschen«, sagt er, ohne zu zögern, und verlässt den Laden.

Was war das denn? frage ich mich völlig verblüfft. Was weiß er über mich? Wie kann er behaupten, dass ich alles habe, was ich mir wünsche? Ich bin erregt, sogar gereizt, und ich weiß nicht warum. Nach außen hin muss es so aussehen, als ob ich alles hätte – gute Gesundheit, einen kreativen Beruf, Zeit für mich, gut geratene Kinder, einen treuen Ehemann – was bleibt da noch zu wünschen übrig?

Eine ganze Menge, denke ich, während ich ein Tablett mit Kabeljaufilets auf das Eis lege. Als Erstes möchte ich glücklich sein, möchte etwas empfinden und mich nicht nur taub fühlen, möchte mehr lachen und jemanden haben, mit dem ich weinen kann. Was bildet sich dieser Weihnachtsmann eigentlich ein, so etwas zu behaupten? Ich verspüre plötzlich dieses erstickende Gefühl, das mir sagt, ich hätte alles, was ich mir laut der Außenwelt wünschen sollte, aber das ist weit von dem entfernt, was ich wirklich will! Den meisten Frauen, die ich kenne, fällt es schwer zu sagen, was sie wollen, weil sie sich daran gewöhnt haben, sich mit dem Vorhandenen zufrieden zu geben.

Schließlich wird mir klar, was ich nicht mehr will: das Leben angenehm für andere machen und meine eigenen Wünsche unterdrücken, das Skript für den letzten Akt unserer Ehe ohne die Teilnahme meines Mannes schreiben. Ich will nicht mehr die schlechte Laune meines Partners ertragen, sein steinernes Schweigen und mich fragen, ob es irgendwas mit mir zu tun hat, während meine eigene Spontaneität erdrückt wird.

Und doch hasse ich mich dafür, nie zufrieden zu sein. Ich

sollte dankbarer sein und den Status quo akzeptieren, aber ich wäre ja wohl nicht hier, wenn ich das könnte. Vielleicht hatte diese Begegnung mit dem Weihnachtsmann ihren Sinn. Es ist höchste Zeit, dass ich mir die schwierigen Fragen stelle, bevor mein Mann mit eigenen Fragen eintrifft.

Draußen braut sich ein Schneesturm zusammen, und der Fischmarkt schließt früher als sonst. »Sie sollten sich lieber auf den Weg machen«, warnt mich der Besitzer, der weiß, dass ich keinen Wagen mit Allradantrieb habe. »Vergessen Sie unsere Weihnachtsfeier am Freitag Abend nicht«, fügt er hinzu. »Unser letztes Hurra, bevor wir den Laden bis zum Memorial Day zusperren.« Eine Feier! Ich mag da nicht alleine auftauchen und mich unter Leute mischen, die ich kaum kenne. Was soll ich anziehen? Alle meine guten Sachen sind eingelagert. Ich werde sofort nachsehen, wenn ich nach Hause komme, nehme ich mir vor, trete rasch hinaus in den brausenden Wind, ziehe meinen Jackenkragen so hoch wie möglich und kuschele mich in seine Wärme.

Als die Lichter des Ortes hinter mir verschwinden, fühle ich mich ganz verloren, wie die Astronauten, bevor sie wieder in die Erdatmosphäre eindringen. Der Schnee wird über die leere Straße geweht. Ich schalte in den zweiten Gang und krieche nur noch vorwärts. Das Geräusch der Eiskristalle unter meinen Scheibenwischern erzeugt eine Art unheimlicher Musik. Ich kann kaum etwas sehen, und doch sehe ich alles. Ich befinde mich in einer Glaskugel, wie eine dieser Weihnachtsschneekugeln, die die Kinder schütteln. Mitten in einem Sturm zu sein ist beängstigend, aber auch belebend. Nur mit Mühe finde ich meine Einfahrt im wirbelnden Schnee, genieße aber die Erleichterung, endlich zu Hause zu sein.

Sobald ich drinnen bin, knalle ich die Tür zu und verriegele sie, um die Welt auszuschließen. Ein Becher Kakao und ein neu entfachtes Feuer werden mir für den Moment als Tonikum dienen.

Ich werde mich ruhig mit meinem Tagebuch hinsetzen, aber selbst in der Ruhe plappert die Stimme in meinem Kopf eifrig weiter. Ich denke über die meistgestellte Frage dieser Jahreszeit nach: Was wünschst du dir? Gewöhnlich nennen wir als Antwort etwas Materielles. Man stelle sich vor, wir würden sagen, ich wünsche mir einen besseren Geisteszustand oder Zusammengehörigkeit oder einfach nur, von Lachen umgeben zu sein. Letztes Jahr fragte mich mein Sohn am Telefon nach meinen Weihnachtswünschen. Ich bat ihn spontan um eine von ihm besungene Kassette mit Weihnachtsliedern. Er lachte über meine Bitte, aber ich wünschte mir wirklich, seine Stimme zu hören, so geschmeidig wie Ahornsirup, deren Klang für mich beruhigender ist als eine von den drei Tenören gesungene Arie.

C. S. Lewis sprach von etwas, das er »gefühlte Befriedigung« nannte und als »eine Qualität der Vollkommenheit, eine Unmittelbarkeit, die es wert ist, fortgesetzt zu werden« interpretierte. Ich versuche mir vorzustellen, was das sein könnte. Allein hier zu sitzen ist befriedigend genug, aber es würde viel besser sein, den Abend mit jemandem zu teilen – jemand, dessen Stimmung der meinen entspricht, der die Augenblicke genießt, dessen Verwunderung unverdorben bleibt, der einfache Dinge zu schätzen weiß und das auch sagt, der viel lacht, sich gerne etwas gönnt, über Spontaneität verfügt, mich viel in den Arm nimmt und Freude als eine Pflicht betrachtet!

O je, jetzt bin ich zu weit gegangen. Wer könnte jemals so sein? Nun ja, ein paar dieser Eigenschaften wären auch schon genug. Ist es nicht das, was meiner Ehe fehlt? Ich staune darüber, dass meine Wünsche erfüllbar sind. Und man braucht dazu weder Geld noch Macht, sondern nur eine kleine Veränderung der Einstellung. Warum bekomme ich sie dann nicht zu fassen?

Ah ja, weil es nicht der richtige Weg ist, etwas zu fassen, zu packen – vielleicht die Hand danach auszustrecken, aber nicht allzu offenkundig. Darin habe ich in der Vergangenheit versagt, wollte, dass andere sich in einer bestimmten Art verhielten, und habe sie zu sehr in diese Richtung gedrängt oder zu überreden versucht. Gute Dinge geschehen eher von allein. Den Zustand der Befriedigung habe ich meist dann erreicht, wenn ich mich nicht darum bemüht habe. Wenn ich nur die festgefahrenen Vorstellungen über Bord werfen könnte, würde ich vielleicht neue Möglichkeiten der Beziehung erkennen.

Ich beginne allmählich zu begreifen, was ich will. Zunächst einmal will ich nicht aktiv werden, »das verfolgen, was nicht aufdringlich ist«, wie der chinesische Philosoph Lao-tse sagt. Da ich mich abgesondert habe, bin ich in der Gemütsverfassung, eher abzuwarten und zu sehen, was geschieht, statt zu manipulieren und die Richtung vorzugeben. Mit der Natur zu leben hat mich die Würde gelehrt, keine Motivation zu haben. Dieses winzige Cottage, in dem nichts Überflüssiges steht, nur das Notwendigste, hat mir geholfen zu erkennen, dass weniger mehr ist.

Apropos weniger, ich muss etwas Anständiges zum Anziehen für die Weihnachtsfeier finden. In meinem fast leeren Kleiderschrank sieht es düster aus. Da hängen der grüne Samtanzug, diverse Khakihosen und Jeans, ein Tweedblazer, ein karierter Hosenrock und, verborgen unter einer Plastikhülle, noch aus der Reinigung, mein schwarzer Crêpe-Hosenanzug, den ich fast vergessen hatte. Na prima, denke ich, ziehe mich bis auf die Unterwäsche aus und probiere die Hose an, die sich aber nicht zuknöpfen lassen will. Verdammt! Ich hatte nicht gemerkt, dass ich zugenommen habe, aber da ich immer diese lockeren Sachen trage und esse, was mir in den Sinn kommt, habe ich offensichtlich einiges zugelegt. Voller Panik, dass mir nichts mehr passt, wühle ich in Oberteilen und Unterteilen herum, kombiniere hektisch dieses mit jenem, um überhaupt etwas zu finden, während mich ein Hitzeschauer nach dem anderen überläuft. Bisher hat es keine Rolle gespielt, wie ich mich anziehe, und es gefällt mir nicht, mir plötzlich Gedanken darüber machen zu müssen. Zum Glück lässt sich die Samthose mit dem Gummibund gut mit einem schwarzen Kapuzenpullover kombinieren. Dazu ein wenig Schmuck und ich kann mich sehen lassen. Puh! Und nun zurück zu den ruhigeren Beschäftigungen dieser Jahreszeit.

Meine Großmutter pflegte zu sagen: »Wenn die Hände beschäftigt sind, erhebt sich der Geist über die sorgenvollen Gedanken.« Da ist Stollen zu backen, Früchtekuchen, Butterplätzchen und Newburg Soße zu machen. Was wäre der Dezember ohne den Duft von Zimt, Muskat und Nelken? Ich hole eine Topf heraus, gieße etwas Cider hinein, füge die nostalgischen Gewürze hinzu und lasse sie auf dem Herd blubbern, um das Aroma zu erzeugen, nach dem ich mich gesehnt habe.

Als Nächstes lege ich Pavarottis Weihnachts-CD auf, öffne eine Flasche Wein und gebe mich für den Augenblick dem Glücklichsein hin statt der Rechthaberei. Recht zu haben endet sowieso meist in totaler Isolation. Dies ist die Jahreszeit, die Vergangenheit hinter sich zu lassen – ich fühle mich selbst ein bisschen wie der neu belebte Scrooge aus Dickens Weihnachtsmärchen – neu und glücklich und dankbar für einige Wellen der Wahrheit.

STILLES MEER, STILLE NACHT

WEIHNACHTEN

Einmal im Jahr füllen sich die verkümmerten Seelen der Erwachsenen für ein paar Tage wieder mit jenem Geist, der die Weisheit von Narren und Kindern beflügelt.

Michael Harrison,
›The Story of Christmas‹

Es ist der Tag vor Weihnachten. In ein paar Stunden wird mein Mann hier sein. Ich habe einen selbst gemachten Kranz an einen Baum in der Auffahrt genagelt und werde die Petroleumlampen und die Kerzen anzünden, bevor er kommt. Ich bin nervös, befürchte, wieder in die Rolle der Ehefrau zurückzufallen, wo ich mich gerade daran gewöhnt habe, ein glücklicher Single zu sein. In einer Orgie der Hausfraulichkeit habe ich all die traditionellen Gerichte vorbereitet, um unsere Gaumen zu erfreuen und unsere Seelen zu besänftigen. Seelenspeise für Weihnachten – mir gefällt der Klang. Ich habe mir ausgerechnet, dass wir in unserem Leben nur sechzig oder siebzig Mal Weihnachten feiern, und ich bin entschlossen, das Fest dieses Jahr auf meine Art zu genießen, egal, wer da ist und wer nicht. Irgendwo habe ich gelesen, dass die Rolle der Französin darin besteht, andere zu erfreuen, aber dafür zu sorgen, dass auch sie selbst dabei Freude hat! Dieses Konzept ist neu für mich – selbst die Verantwortung für meine Freude zu übernehmen. Nur ich kann sie empfangen, und gleichermaßen kann nur ich zulassen, dass andere sie mir nehmen. Nicht dieses Weihnachten! Ich habe genug von trüben Wintersonnenwenden und bin jetzt auf Freude aus.

Ich höre sein Auto, sehe die Scheinwerfer durch die halb zugefrorenen Fensterscheiben. Ich werfe mir den Mantel über, schlinge mir einen Schal um den Hals und laufe hinaus, um ihn zu begrüßen. Drei Monate habe ich das Alleinsein ausprobiert. Jetzt steht mir ein unbeholfenes Zusammensein bevor. Dies ist das wirkliche Leben, das einfach weitergeht, und gleichzeitig ein Abenteuer – Weihnachten, und nur wir beide zusammen!

Er umarmt mich zögernd, was mich enerviert, also schnappe ich mir seinen Koffer und eile ins Haus zurück, sage mir, dass er eine lange Fahrt gehabt und diese letzten Monate nicht mit Nachdenken verbracht hat wie ich – oder doch? Welche Formen hat sein Junggesellenleben angenommen? Er ist den größten Teil seines Lebens ein Einzelgänger gewesen. Ich frage mich, ob er seine Einsamkeit nicht umso mehr genießt. Aber ich werde mich mit meinen Fragen zurückhalten und den Abend sich nach seinem eigenen Rhythmus entwickeln lassen.

Es war stets seine Angewohnheit, bei jeder Ankunft das Cottage genau zu inspizieren, und der heutige Abend ist keine Ausnahme. Ich gieße ihm einen Scotch ein, den er mit sich von Zimmer zu Zimmer trägt. Nachdem er festgestellt hat, dass in seiner Höhle alles zum Besten steht, lässt er sich auf einem Schaukelstuhl nieder und legt seine langen Beine auf den davor stehenden Hocker. Er seufzt, nimmt einen Schluck von seinem Drink und wirkt recht zufrieden. Ich bin wie erstarrt, ohne jeden Plan, also warte ich darauf, was als Nächstes passiert. Es wird einige Zeit dauern, fürchte ich, sich einander anzunähern. Er ist seit dem Herbst viel grauer geworden und sein Gesicht sieht verwittert und abgespannt aus. Wie ich wohl auf ihn wirke? Sehe ich erholt und strahläugig aus oder angespannt wie damals, als wir uns trennten? So geizig, wie er sowohl mit Komplimenten als auch Kritik ist, werde ich es wohl nie herausfinden.

Sein Drink ist sehr bald ausgetrunken und ich biete ihm an, ihn aufzufüllen. »Bitte«, sagt er, während ich rasch das Eis holen gehe und das gewichtige Schweigen hinter mir lasse. Stille ist ein guter Freund, wiederhole ich, als würde ich ein Mantra aufsagen. Sie fördert den natürlichen Verlauf der Dinge. Trotzdem bleibe ich nervös, will wie früher die Leere ausfüllen mit interessanten Fragen, Geschwätz, belanglosen Nichtigkeiten, wie man es netten Mädchen wie mir beigebracht hat. Wie sehr ich diese Nettigkeitspersönlichkeit verinnerlicht hatte! Und was tritt jetzt an ihre Stelle?

»Wie geht es dir?«, frage ich. »Mal ernsthaft.«

»Recht gut«, erwidert er höflich. »Ich bin in einen Fitnessclub eingetreten, spiele ein wenig Hallentennis, um das hier loszuwerden.« Er deutet auf seine wohlbeleibte Mitte. »Das kommt von all den Fertigmahlzeiten.«

Sofort habe ich ein schlechtes Gewissen; er hat die Mutter in mir angesprochen. Plötzlich möchte ich für ihn kochen, ihn mit einer Kühlbox voll köstlicher Gerichte nach Hause schicken.

»Du musst wirklich mal über ein Wochenende kommen. Es wird dir gefallen«, fährt er fort, will mir den Mund wässrig machen mit der Beschreibung. »Es ist eine alte Scheune, die aussieht, als hätte Ralph Lauren sie entworfen.«

»Vielleicht nächsten Monat«, erwidere ich, möchte ihm eine Geste des guten Willens zeigen, »nachdem ich jetzt im Fischmarkt aufgehört habe.«

»Der Fischmarkt«, sagt er. »Joan, die Fischhändlerin!« Sein Sarkasmus ist nicht beißend, ja, er ist sogar ehrlich fasziniert. »Was hast du da eigentlich gemacht?« fragt er und will noch mehr wissen, als sei er tatsächlich an den Fischern, dem Hafen und allem anderen interessiert. Wir legen unser bestes Benehmen an den Tag und doch wirkt es nicht künstlich oder aufgesetzt. Ich denke, wie erfreulich es ist, wenn zwei Menschen freundlich miteinander umgehen.

»Möchtest du noch ein Glas Wein?«, fragt er, als er bemerkt, dass mein Glas leer ist. Ich nicke und er geht die Flasche holen. Meine Gedanken wandern zu einer Freundin, die Mönche in kirchlichen Ritualen unterwiesen hat. »Wenn sie mit dem Abendmahl begannen«, erklärte sie, »haben sie den Kelch ergriffen, ohne darüber nachzudenken, haben ihn einfach als Gebrauchsgegenstand betrachtet, nicht als heiliges Gefäß. Was sie lernen mussten, war die Wichtigkeit, eine Beziehung zu den liturgischen Dingen herzustellen und daran beteiligt zu sein. Nur dann kann die Zeremonie eine Bedeutung haben.« Während ich ihr zuhörte, konnte ich nicht anders als mir vorzustellen, wie meine Welt wohl aussähe, wenn ich die Menschen, die mir am nächsten stehen, als heilig betrachten und sie mit dem gleichen Gefühl für Respekt behandeln würde. Diese Gedanken schießen mir durch den Kopf, als mein Mann zurückkommt. Ich versuche, ihm tiefer ins Herz zu schauen, auf den Menschen hinter der Rolle des Ehemannes, Vaters und Lehrers. Ihn von diesen Rollen befreit zu sehen, scheint den Raum mit einem Gefühl der Echtheit zu erfüllen. Welche Härte und Anspannung er auch immer mitgebracht hat, sie schmilzt allmählich von ihm ab. Vielleicht wird es uns möglich sein, eine Art neutrale Ebene zu finden.

Nachdem wir Suppe und Brot gegessen haben, schlage ich ein Kartenspiel vor. Er sagt, er sei müde und bereit, ins Bett zu gehen. Sofort fühle ich mich abgelehnt. Müde zu sein war für mich immer gleichbedeutend mit Langeweile. Trotzdem stimme ich zu, denn es ist schon spät. Ich blase die Kerzen aus und will nach oben gehen, frage mich, ob wir wohl im selben Bett landen. Er gibt mir einen Kuss auf die Wange und geht ins Gästezimmer. Der Wind heult um unsere dünnen Außenwände. Was ist mit Sex, denke ich, obwohl ich nicht mal weiss, ob ich daran interessiert bin. Gibt es eine andere Frau? Hat er noch Kontakt zu seiner Freundin aus dem College, die sich immer wieder bei uns gemeldet hat, oder zu der Frau, der er im letzten Jahr Blumen geschickt hat (die Rechnung dafür war natürlich unweigerlich bei mir gelandet)? Ich seufze, betrete den Raum, der zu meinem Zimmer geworden ist, und schiebe diese Gedanken beiseite. Es war ein ereignisreicher Abend, ein Abend, der hätte schwierig werden können, aber stattdessen sanft verlief. Vielleicht wird es doch ein schönes Weihnachtsfest.

Er ist lange vor mir auf. Ich höre das Scharren der Schaufel, mit der er versucht, uns aus dem Schnee auszugraben. Der Duft von frisch gebrühtem Kaffee durchzieht das Haus und zum ersten Mal seit Monaten muss ich ihn nicht selbst machen. Er hat mir eine Tasse auf den Nachttisch gestellt, eine alte Angewohnheit. Ich hatte vergessen, wie angenehm das ist. Das Haus ist wunderbar warm. Ich höre die Scheite im Ofen knacken und bleibe noch ein wenig im Bett liegen, bevor ich mich anziehe und nach unten gehe. Er ist immer noch draußen, also klopfe ich ans Fenster und rufe ihm ein Guten Morgen zu.

Der Himmel ist bedeckt, aber es schneit nicht mehr. Ich mache Frühstück, Eier und Speck. Bei einer zweiten Tasse Kaffee frage ich: »Sollen wir an den Strand fahren?«

Er starrt mich an. »Du machst wohl Witze.«

»Nein, ich meine es ernst. Ich bin noch nie nach einem Schneesturm am Strand gewesen. Das wäre doch ein Abenteuer!« Zu Beginn unserer Ehe zitierte er dauernd einen Satz aus ›The Matchmaker‹ über die Wichtigkeit, Abenteuer zu erleben.

»Tja, warum nicht«, sagt er zu meiner Überraschung.

Gleich darauf sitzen wir im Auto, schlittern über die vereiste Straße. Ich kann es kaum glauben. Er hasst die Kälte, geht nur bei bestem Wetter an den Strand. Vielleicht ist diese Geste eine Art Friedensangebot – vielleicht ist er zu allem bereit –, möglich, daß der Spieler in ihm diese Herausforderung nicht links liegen lassen will. Egal, wir sind draußen, und irgendwie scheint es der Natur immer zu gelingen, eine Einheit herzustellen.

Ich halte das Steuer fest umklammert. Sobald wir am Strand sind, auf dem schmalen Pfad, der die Dünen durchschneidet, bewegen wir uns auf den Rand der Welt zu. Manche sagen, auf der anderen Seite läge Portugal. Er denkt sicher, ich hätte den Verstand verloren, als ich auf den halbwegs festen Sand fahre. Laut sagt er nur: »Was ist, wenn wir stecken bleiben?«

»Ich mache das oft«, erwidere ich. »Wir haben die ganze letzte Woche Frost gehabt – uns passiert schon nichts.« Trotzdem spüre ich sein Unbehagen. Wie gewöhnlich bin ich diejenige, die alle Vorsicht in den Wind schlägt, während er auf Nummer sicher geht. Wir sind von einer weißen Welt umgeben, Schnee häuft sich über Schnee, glatt geblasen vom Wind, als seien die Dünen mit Zuckerguss überzogen. Ich äußere meine Begeisterung, hoffe auf eine Reaktion von ihm, eine zustimmende Bemerkung.

»Sollen wir hier halten?«, frage ich.

»Du bist die Fahrerin«, antwortet er und schiebt damit jegliche Verantwortung von sich. Wir halten an einer Stelle, an der ich wenden kann. »Komm«, sage ich, begierig darauf, hinauszukommen und auf Entdeckungsreise zu gehen. Alles ist still, fast unheimlich, eine tote Welt, und doch strahlend und wunderschön. Ich gehe voraus, führe ihn auf den Kamm der Düne. Vor uns liegt der Nantucket Sund, wirkt wie ein offenes Feld, ein eingefrorenes Seestück, die Oberfläche mit Eisschollen dekoriert, die wie Schaumkronen auf einem ruhelosen Sommermeer aussehen. Ich habe das Meer, das doch sonst stets in Bewegung ist, noch nie so gesehen – ein Stilleben, starr und eingefroren wie unsere Ehe. Die Gefahr, denke ich, liegt darin, diesen Zustand nicht zugeben zu wollen, die Unzufriedenheit zu verheimlichen, so dass man eines Tages mitten im Eis festsitzt und nicht weiss, wann es aufbrechen und tauen wird.

Ich merke, dass er längst nicht so bewegt ist wie ich. Er hat einen abwesenden Ausdruck im Gesicht, seine Gedanken sind woanders, nicht hier bei mir. Ich greife nach seinem Arm und dränge ihn sanft vorwärts, näher zum Ufer. Erstaunt stellen wir fest, dass doch nicht alles starr ist. Dicke Eisschollen bewegen sich sanft im Rhythmus des auflaufenden Wassers, wie in Zeitlupe. Die See, die sonst donnert und brüllt, flüstert jetzt nur noch. Ich höre ein leises Sirren von irgendwo unterhalb der eisigen Oberfläche, das sich wie raschelnder Taft anhört. Dann entdecke ich einen Seehund, der aufrecht auf einem Eisfloß sitzt und sich vom Wasser treiben lässt. »Siehst du ihn?«, sage ich, deute auf ihn und drücke mit der anderen Hand den Arm meines Mannes. Er schüttelt verwundert den Kopf. Ein breites Lächeln erhellt sein Gesicht. Für einen kurzen Augenblick scheinen wir uns ganz nahe zu sein. Dann trifft uns ein eisiger Wind, wirbelt den Schnee auf und zerstört unsere momentane Verzauberung. »Ich gehe zurück«, sagt er. »Lass dir Zeit. Ich weiss, wie du es genießt.« Er verschwindet in einem Wirbel von Schneeflocken, sieht aus wie ein Phantom auf einer Farbspritzerpostkarte.

Als ich mich dem Meer wieder zuwende, bemerke ich zwei Boote und ein Dingi, die im Eis festgefroren sind. So werden sie bleiben, bis es taut. Ihre Besitzer können sie ebenso wenig aus dem Griff des Eises befreien, wie ich unsere Ehe auftauen kann. Ich werde daran erinnert, nur einfach mit der Jahreszeit zu leben und aufzuhören, Gott spielen zu wollen. Zur rechten Zeit wird die Gezeitenwende kommen und Tauwetter wird die arktische Kälte ablösen. Ich mache mich auf den Rückweg zum Auto und denke, wie viel einem das überfrorene Flachwasser und das eisige Meer zu bieten haben.

Ein Schneeschleier blockiert alles, was vor mir ist. Vorsichtig, unsicher setze ich einen Fuß vor den anderen, ähnlich wie an unserem Hochzeitstag, als er am Altar auf mich wartete, damals lächelnd und mit Tränen in den Augen. Jetzt ist er hinter den beschlagenen Autofenstern und einer Schneedecke verborgen. Das Bild ist verschwommen wie unsere Zukunft. Ich bin plötzlich wehmütig und erschöpft, nehme mir aber trotzdem die Zeit für ein letztes Schwelgen, mache einen Engel im Schnee, breite die Arme und Beine aus, während ich zum weißen Himmel hinaufschaue, und halte nur kurz inne in der Hoffnung, die Engel sprechen zu hören.

»Was machst du da, du Verrückte?«, ruft er vom Auto, klingt verdutzt, aber amüsiert.

»Kannst du meinen Engel nicht sehen?«, sage ich und stehe vorsichtig auf, um ihn nicht zu zerstören.

»Komm ins Auto, wo es warm ist«, sagt er, öffnet die Tür und wischt Schnee vom Sitz.

Ich bin dankbar. Er hat den Motor angelassen und das Auto ist warm. Ein bisschen ruppig reibt er meine Schultern, damit meine Zähne zu klappern aufhören. Mir gelingt es, den Wagen zu wenden und auf den gefrorenen Reifenspuren eines anderen Autos zurückzufahren. Seine Stimmung hat sich gehoben.

»Du hast dich verändert, weißt du«, sagt er plötzlich. »Ich meine, wirklich verändert.«

»Inwiefern?«

»Ich weiss es nicht genau«, erwidert er. »Du wirkst einfach freier. Das ist es, ein freier Geist! Es bekommt dir gut«, sagt er und klingt wehmütig, als wünsche er sich dasselbe für sich. »Wie hast du das gemacht?«

»Wenn man hier lebt, bleibt einem nicht viel anderes übrig«, sage ich. »Wenig Ablenkung, kaum Menschen. Ich war gezwungen, mich mit der Natur anzufreunden. Das macht einen irgendwie ungebärdiger.«

Wir haben den schwierigen Teil des Dünenweges hinter uns und fahren über den Parkplatz, als er mich plötzlich bittet anzuhalten. »Setz ein bisschen zurück.« Er spring aus dem Wagen, läuft mit flatterndem Schal und wehenden Haaren auf ein kleines Waldstück zu. Als er zurückkommt, trägt er ein mitleiderregend aussehendes Tannenbäumchen.

»Findest du nicht, dass wir einen Weihnachtsbaum brauchen?«, fragt er, bevor er das Bäumchen in den Kofferraum legt. »Der hier erinnert mich an uns.«

Wir lachen beide. Eine spontane Geste und die Leere beginnt sich zu füllen.

»Aber wir haben keinen Christbaumschmuck«, sage ich. »O doch«, widerspricht er und holt eine Handvoll Muscheln aus der Tasche. »Die habe ich gesammelt, als du noch auf deinem Spaziergang warst.«

Gemeinsam und getrennt fügen wir die Dinge zusammen, wie es sich ergibt – Stück für Stück, ein Weihnachtsflickenteppich.

Und so vergeht der Tag schnell, wie die meisten Heiligabende. Es gibt viel zu tun, auch wenn es nur für uns beide ist. Er stellt das Bäumchen auf, während ich mit dem Essen und dem Stollen beschäftigt bin. Es gibt viele Möglichkeiten, sich voreinander zu verstecken, was wir in der Vergangenheit gut beherrschten – vorzugeben, beschäftigt zu sein, den Kopf hinter einem Buch, andere Menschen –, aber heute, obwohl wir Unterschiedliches tun, arbeiten wir zusammen. Ich komme mir so verspielt vor wie der große Seehund, gleite unerschrocken von hier nach dort, trinke heißen Toddy und summe Weihnachtslieder. Habe ich endlich all meine Verzweiflung aufgebraucht? Ist nicht alles unwiederbringlich verloren?

Der Weihnachtsbaum steht in einem Blumentopf voll Sand. Ich sehe, wie sich mein Mann abmüht, Fäden durch die Muscheln zu ziehen. Seine Aufgabe war es stets, die Kerzen zu befestigen, während die Jungen und ich den Schmuck an den Baum hängten.

»Soll ich dir helfen?«, frage ich.

»Meine Finger sind nicht so geschickt wie deine«, erwidert er. Er scheint froh zu sein, mir die Muscheln und das Garnknäuel zu überlassen.

»Wie sieht denn das Programm für heute Abend aus?«, fragt er und sofort verspüre ich Unmut. Warum bin ich immer für all diese Dinge zuständig? »Ich nehme an, du willst in die Kirche«, fügt er hinzu. Was für eine dämliche Bemerkung, denke ich. Heiligabend und Kirche sind doch ein und dasselbe, nicht wahr? Warum muss er überhaupt fragen? Warum weiss er nicht, was ich möchte?

Ich könnte gereizt auf seine Frage reagieren, aber ich tue es nicht, nicht heute Abend.

»Es gibt eine hübsche kleine Kirche ganz in der Nähe«, sage ich. »Nichts Besonderes. Wir müssen uns noch nicht mal umziehen.«

Er nimmt einen Schluck von seinem Toddy und scheint einverstanden zu sein. Wir beschließen, den frühen Gottesdienst zu besuchen und erst danach zu essen.

Selbst unter den besten Umständen kann das Betreten einer Kirche am Heiligabend meine Psyche aufwühlen, weil ich ständig an schönere und fröhlichere Festtagsmomente erinnert werde. Aber heute sieht es so aus, als sollte es ein Krippenspiel geben, was mir helfen könnte, das Kind in mir zum Vorschein zu bringen. Ich muss schwer schlucken bei den ersten Klängen des Liedes »Herbei, oh, ihr Gläubigen«, dessen Worte uns auffordern, »fröhlich triumphierend« zu sein, erhole mich aber rasch wieder, als ich die Jungfrau Maria an unserer Bank vorbeischreiten sehe – Turnschuhe an den Füßen, ein Kaugummi in der Backe und ein lebendes Jesuskind auf dem Arm, als sei sie seit Ewigkeiten Mutter! Ihr folgen drei Könige und eine Königin, diverse in Bademäntel gehüllte Hirten und einige Fischer in Ölzeug und mit Stangen, offensichtlich eine Geste für die Kinder, die nichts von Wüsten im Orient wissen, dafür aber viel von Meeren und Fischen.

Ich habe etwas gebraucht, das meine Erstarrung durchbricht, und diesem Krippenspiel gelingt es. Meine Stimmung wird besser, als ich die gähnenden Hirten sehe, die ihre Einsätze vergessen, und den kleinen Jungen, der, als die Kerzen für ›Stille Nacht‹ angezündet werden, laut ausruft: »Es ist Weihnachten!« Derart entwaffnet, mein Schutzpanzer weit geöffnet, setzt die Freude des Jungen das Kind in mir frei.

Wir verlassen die Kirche vor der Segnung, weil wir nicht wollen, dass der Augenblick durch helles Licht und miteinander schwatzende Menschen zerstört wird. Ich stecke das Programm in die Tasche, um später das Gebet des Abends zu lesen:

»Vergib uns unsere Torheit und Unentschlossenheit. Öffne uns aufs Neue, rühre uns an und bewege uns, auf dass wir wachsen . . .«

Meine Wangen glühen von all der Wärme und nach unserer Rückkehr ist das Cottage mit unkomplizierten Gefühlen der Zärtlichkeit erfüllt. Wir tauschen Geschenke aus: Er hat die Diamantohrringe seiner Mutter für mich umarbeiten lassen; dazu schenkt er mir noch ein Poster mit den Visitenkarten von zehn erfolgreichen Frauen und einem freien Platz für meine eigene und einen Keramikseehund mit einem Weihnachtskranz um den Hals. Von mir bekommt er ein schlichtes Aquarell unseres Hauses in New York, mit den Jungen, die in der Auffahrt Basketball spielen, und der Katze auf der Veranda.

Selbst unsere Unterhaltung hat etwas Erlösendes. Als er eine wegwerfende Bemerkung über unsere schlechte Ehe macht (was als Witz gedacht ist), halte ich sie fest, bevor sie im Papierkorb landet, und sage: »Nur unsere Beziehung ist den Bach hinuntergegangen; die Ehe war ein Erfolg. Sieh doch nur, was wir gemeinsam erreicht haben: die Menschen, die wir als Freunde gewonnen haben, unsere Söhne, die den Mut hatten, in einer bindungslosen Zeit Bindungen einzugehen, unsere Eltern, denen wir gute Kinder waren – muss ich fortfahren?«

Die Spannung ist momentan von uns gewichen, als hätte der Gezeitenwechsel begonnen und das hereinströmende Wasser hätte uns gerade noch rechtzeitig freigesetzt. Und doch wäre ich ein Narr, wenn ich jetzt mit ihm ins Auto springen und heimfahren würde. Während dieses Weihnachtsfest ein Geschenk war, bleibt das neue Jahr und die es begleitenden Entscheidungen eine Herausforderung. Ich will nicht zu dem zurückkehren, was wir waren, sondern heiße das Unbekannte dessen willkommen, was wir werden können.

NASSE FÜSSE

SILVESTER

Jeder erste Januar, den wir erreichen, ist ein imaginärer Meilenstein – gleichzeitig ein Ruheplatz für unsere Gedanken und Meditationen und der Startplatz für erneute Anstrengungen bei der Ausführung unserer Reise. Der Mensch, der sich nicht wenigstens selbst verspricht, in diesem Jahr besser als im vergangenen zu sein, muss entweder sehr gut oder sehr schlecht sein.

Charles Lamb

Es ist die erste Nacht des neuen und die letzte Nacht des alten Jahres und ich stehe mit der Nummer 76 im Zentrum des Ortes, umgeben von etwa hundert schlanken, durchtrainierten Läufern, und warte widerstrebend auf den Anfang des knapp dreieinhalb Kilometer langen Straßenrennens. Was ist nur in eine unsportliche, übergewichtige Hypochonderin, wie ich es bin, gefahren, so etwas zu wagen? Es müssen die überall aufgehängten Plakate mit Werbung für dieses Ereignis gewesen sein, die mich herausgefordert hat, mein neues Selbst auf diese Weise zu begrüßen. Ich weiß seit einiger Zeit, dass ich aus meinem Kopf herauskommen und mich mit meinem Körper vertraut machen muss, und dieses Rennen schien mir dafür den geeigneten Anfang zu bieten.

Es ist nicht nur ein Straßenrennen, sondern, um den Spaß zu erhöhen, eines in Kostümierung. Ich habe einen roten Jogginganzug gewählt, dazu eine Weihnachtstischdecke, die um meine Schultern hängt, damit ich wie Rotkäppchen aussehe. Sogar ein Körbchen und eine Haube für meinen Kopf habe ich dabei. Zu behaupten, ich sähe lächerlich aus, ist eine Untertreibung. Die erfahreneren Läufer haben sich nur pro forma mit Baseballkappen, Ansteckern an ihren Hemden und Brillen mit Gumminasen kostümiert; nichts, was sie beim Laufen behindern kann.

Ich bin noch nie ein Rennen gelaufen und mir meiner selbst mehr als bewußt. Ich bewege meinen bleischweren Körper weg von der Menge, um zu überlegen, wie ich der Sache entfliehen kann, ziehe Vergleiche mit den anderen Läufern, erkenne meine Unzulänglichkeiten, beneide sie um ihre Durchtrainiertheit, bemerke ihre gut eingelaufenen Turnschuhe. Die wenigen Zeiten, in denen ich mich in meiner Haut wohl fühlte, waren im Alter von drei oder vier Jahren, rund und voller Grübchen, oder während der Schwangerschaften, wo das Fehlen von Konturen und Kurven akzeptabel war. Aber kaum waren die Babys geboren, ging mein Bauch von straff gespannt zu weich und wabbelig über, wie Brotteig, und ich hasste meinen Körper wieder wie vorher. Dabei spielte es keine Rolle, daß die Schwangerschaftsstreifen, die ich nun aufzuweisen hatte, die Namen meiner Kinder trugen oder dass ich gerade ein neues Leben ausgetragen und zur Welt gebracht hatte! Alles, was mir der Spiegel zeigte, waren herabsackende Brüste, eine kaum erkennbare Taille, eine birnenförmige Person, die nicht länger sexy oder begehrenswert war.

Nun ja, heute bin ich hier, um mich der langjährigen Vernachlässigung zu stellen und den Bruch zwischen Körper und Geist zu heilen. Ich ziehe mich an eine nahe Parkuhr zurück, damit ich mich anlehnen kann, während ich ein paar Streckübungen mache. Jedes Jahr habe ich mir wieder vorgenommen, etwas für meinen Körper zu tun, aber der Vorsatz hielt gewöhnlich nur bis Ende Januar. Doch dieses Jahr scheint es anders zu sein und ich habe nicht länger vor, meine Gefühle und Bestrebungen unter Fett zu verstecken. Ich will mich in meiner Haut wohl fühlen und fliegen. Ich befinde mich in einem Rennen gegen die Zeit. Mein Körper muss mit dem Rest meiner selbst mithalten, damit ich meinen Willen und meine Ausdauer testen kann.

Gerade als ich meinen Fuß an mein Gesäß heranziehe, gibt mein rechtes Knie nach. Ein Krampf durchläuft mich, lässt mich einen Moment lang erstarren, um dem Gelenk Gelegenheit zu geben, sich zu entspannen, bevor ich den Fuß absetze.

Gott, wie viel ist mir entgangen. Ich hätte meinem Körper schon vor diesem Rennen mehr Aufmerksamkeit schenken sollen. Aber man hat mir nicht beigebracht, nach körperlicher Tüchtigkeit zu streben. Sowohl meine Mutter als auch meine Großmutter haben ihrem Körper Beschränkungen auferlegt (oder wurden sie ihnen von anderen auferlegt?). Ja, sie wurden sogar bei den Geburten vollkommen unter Medikamente gesetzt, so wenig Zutrauen hatten die Ärzte in das Funktionieren ihrer Körper. Man stelle sich vor, ihnen wurde der eine wirklich erhebende Moment verwehrt, in dem der weibliche Körper sich hervortun kann. Kein Wunder, dass meine Vorfahren mir so wenig Unterstützung für mein körperliches Selbst gaben.

Nach der Springseilphase hörte ich auf, meinen Körper zu benutzen, vermied den Sportunterricht, um mein Haar nicht durcheinanderzubringen, hätte mich noch nicht mal tot dabei erwischen lassen zu schwitzen, da es als unweiblich galt. Mein Körper wurde zu einem Fremden, den ich nicht kennen wollte. Obwohl ich wie ein siamesischer Zwilling mit ihm verwachsen war, schenkte ich ihm keine Beachtung, war angewidert von seinen Gerüchen und verleugnete seine Ausdünstungen. Mein Körper wurde nichts anderes als ein Stück Granit, an dem man herummeißeln mußte, bis er eine annehmbare Form bekam. Ich stopfte all meine Unsicherheit und meine unausgegorenen Emotionen in Muskeln und Gelenke, die jetzt vor Verkümmerung schmerzen.

Die verschiedenen Ärzte, denen ich im Laufe der Zeit begegnete, trugen zu meiner Körperablehnung bei. Ein Internist, der meinte, ein Herzflimmern wahrzunehmen, schickte mich zu einer Reihe von Untersuchungen, die Tausende von Dollar kosteten und zu nichts weiter führten als einem schweren Fall von Angstneurose. Dann war da der Geburtshelfer, der mir befahl, die Beine zu überkreuzen, als ich im letzten Stadium der Wehen lag, während er nebenan eine Frau von Zwillingen entband. Und der Kinderarzt meiner Söhne, der bei jedem Besuch die Mütter der Kinder befummelte. Diese Männer habe mir kaum Vertrauen zu ihnen oder zu meinem Körper eingegeben. Nach einer gewissen Zeit verleugnete ich einfach, dass ich überhaupt einen Körper hatte, und hörte auf zu Ärzten zu gehen, was nur eine noch größere Verleugnung bewirkte, die in weniger Aufmerksamkeit und Pflege resultierte.

Aber dann begann mein Körper, mir Botschaften zu schicken,

mir durch meine Knochen und mein Fleisch unüberhörbare Signale zu senden. Das erste Anzeichen war ein Angriff auf meinen Rücken, der mich zwang, tagelang im Bett zu liegen, bis die Krämpfe nachließen. Dann kamen die Kopfschmerzen, die jedes Mal einsetzten, wenn ich obsessiv oder unrealistisch mit Abgabeterminen wurde. Und schließlich eine Gürtelrose, die immer dann aufblühte, wenn ich eine Zurückweisung erfuhr oder einen Verlust erlitt. Jahre der Verleugnung, zusammen mit zunehmenden Schmerzen, ließen mich schließlich Notiz davon nehmen, als hätte ein Kind an meinem Ärmel gezupft, um meine Aufmerksamkeit zu erringen. Mein Körper teilte mir mit, dass ich aufhören solle, auf diese Art zu leben, und eine andere in Betracht ziehen müsse. Ich glaube, das ist der eigentliche Grund, warum ich hier zitternd in der Kälte stehe und vorhabe, etwas Lächerliches oder zumindest vollkommen Peinliches zu tun. Ich muss meinem Körper einen eigenen Willen geben, die Restriktionen aufheben, die ich über ihn verhängt habe, ihn wenigstens einmal so behandeln, als ob er in Ordnung und normal wäre, was auch immer das sein mag.

Ich begebe mich wieder unter die anderen Läufer und nehme einen Platz an der Seite an, ziemlich weit hinten. Nütze den Tag, ergreife ihn oder versage ein für alle Mal. Und dann diese niederschmetternde Rechnung: Ich bin fünfzig. Wenn ich Glück habe, werde ich achtzig. Mir bleiben noch 360 Monate!

In dem Moment geht die Startpistole los, und ich setze mich zögernd in Bewegung, mit bebenden Muskeln und einem merkwürdig schaukelnden Gang. Aber unter dem Jubel der Menge, der anfeuernd wirkt, fühle ich mich bald wie ein Pferd bei einer Stampede, will nur noch rennen und dem Anführer folgen. Auf dem ersten Kilometer geht es leicht bergab, Gott sei Dank, und es ist kaum anstrengend. Ich mache einen mühseligen Versuch voranzustürmen, ziehe den Bauch ein und halte mich gerade, solange die Menge zuschaut. Aber nach wenigen Minuten rächt sich mein Körper für die Mißhandlung und Mißachtung; meine Kniesehnen wollen sich nicht dehnen und meine Unterschenkelmuskeln verkrampfen. Als ich um die Ecke der Main Street biege und den Hügel vor mir sehe, den ich hinauf muss, sage ich mir, dass ich das nicht schaffe.

Aber ich werde durch die Menge der Körper um mich herum von meinen Schmerzen abgelenkt. Ich konzentriere mich auf die Pobacken, die sich bei jedem Schritt verschieben und wackeln, betrachte die schwingenden Brüsten der beleibteren Frauen und die pfannkuchenflachen Bäuche der Schlanken, frage mich, wie sie ihre Innereien bloß darin unterbringen. Im Gegensatz dazu laufe ich mit einem Körper, den ich verdient habe, und im Moment spüre ich, wie die Schwerkraft an mir zieht, wie Zentimeter von Fett von meinem Bauch zum Becken und zu den Schenkeln hinabsinken, bis sie sich in meinen Füßen sammeln, die sich inzwischen wie fünf Pfund schwere Zuckersäcke anfühlen.

Ich folge dem Anführer, vielen Anführern, und inzwischen haben mich die meisten überholt, während ich über meine Füße stolpere und allmählich nur noch krieche. Es ist eine Erleichterung, allein zu laufen, keine Vergleiche mehr, keine Konkurrenz.

Ich hasse Konkurrenz. Als ich einmal darauf wartete, in einer Fernsehshow aufzutreten, um ein Buch vorzustellen, das sich meiner Meinung nach bestimmt schlecht verkaufen würde, sah ich in den Monitor und hörte eine andere Autorin beteuern, von ihrem Buch sei bereits eine halbe Million Exemplare verkauft worden. Ich drehte mich zu einem anderen wartenden Gast der Show um und sagte: »Wie kann ich nach ihr auf die Bühne treten?« Sie nahm mich bei den Schultern, sah mir fest in die Augen und sagte: »Ziehen Sie keine Vergleiche.«

Okay. Okay. Also werde ich heute auch keine Vergleiche ziehen, sondern meinen eigenen Stil finden. Aber da kommt der nächste Hügel! Ich dachte, dieser verdammt Ort sei flach! Nur wenn man die Straße zu Fuß erkundet, macht man sich wirklich mit dem Terrain vertraut. Ich bin überwältigt von dem Bedürfnis aufzugeben, während das Blut mir Botschaften durch den Puls schickt und ich glaube, sterben zu müssen. Die Einsamkeit des Langstreckenläufers wird mir immer deutlicher. Was war das bloß für eine dämliche Idee!

Aber wie eine Frau kurz vor der Entbindung, die eigentlich zu diesem Zeitpunkt noch gar nicht gebären will, bin ich mit der Tatsache konfrontiert, dass ich beenden muß, was ich begonnen habe. Ich atme tief die kalte Luft ein, befürchte, dass sie in meinem Inneren gefriert, und laufe weiter. Eine Polizistin in einem Streifenwagen feuert mich an. »Weiter so!«, ruft sie, drückt auf die Hupe und lässt das Blinklicht aufblitzen. Sie ist etwa so alt wie ich und ein bisschen übergewichtig. Vielleicht wünscht sie sich, sie hätte auch am Rennen teilgenommen. Ich freue mich über ihre Ermutigung und beschließe, für uns beide weiterzulaufen. Ich nickte und winke, erstaunt darüber, dass ich die Kraft dazu habe, und denke, ich kann nichts *werden*, wenn ich es nicht *tue*. Dann fallen mir die Worte aus meinem Lieblingskinderbuch ein, ›Die kleine Maschine, die konnte‹, und sie spornen mich an: »Ich glaube, ich kann, ich glaube, ich kann.«

Ich bin viel zu warm angezogen in diesem Jogginganzug. Trotzdem habe ich das Gefühl, dass mein Schweiß bald als Eiszapfen an meinen Achseln und von meiner Oberlippe hängen wird. Wie hätte ich wissen sollen, dass Laufen bei unter null Grad mich so ins Schwitzen bringen würde? Entspanne deine Schultern, Joan, verlängere deinen Schritt ein wenig, vergiss deinen Hintern und atme. Was ich diesem armen Körper alles zumute! Ein angespannter Körper kann nicht plötzlich locker werden. Ich habe ihn so lange Zeit angekettet und eingesperrt, dass er, plötzlich befreit von seinen Ketten, in Krämpfe verfällt. Man kann dem Körper nicht von einem Augenblick auf den anderen befehlen, das zu tun, was man in diesem Moment braucht, sondern muss eine Beziehung zu ihm aufbauen. Ich muss mich anfreunden mit diesem

Fremden, der mich anjammert, knackt und stöhnt und nach fünfunddreißigjährigem Schlaf zum Leben erwacht, eine Frau, die von innen nach außen gekehrt wird und erst jetzt mit dem in Berührung kommt, was vorher unsichtbar war.

Bleierne Müdigkeit setzt ein, aber es gibt ein Erbarmen. Ich sehe die Ziellinie, nehme die Schultern zurück, recke das Kinn und entspanne meine Hüften. Während ich auf das Ziel zutrabe, verspüre ich einen Energiestoß statt der Anstrengung und Anspannung des Starts.

Dann ist es vorbei. Ich stolpere zu einer Bank, nehme verschwommen den aufrichtigen Applaus der verbliebenen Zuschauer wahr und sacke in mich zusammen. Vollkommen erschöpft, huste ich mir die Kälte aus der Brust und versuche, wieder gleichmäßig zu atmen. Wenn ich an diesem Rennen teilgenommen habe, um meine Betäubung loszuwerden, dann ist mir das zweifellos gelungen.

Es ist ein seltsamer Sieg, den ich da errungen habe. Was als Herausforderung begann, ist nun zu einem Durchbruch geworden. Mein Vater pflegte zu sagen, wenn dir etwas nicht schwer fällt, dann ist es nicht richtig. Heute hatte ich die Wahl: den Tag für mich zu entscheiden oder durch ihn zum Opfer zu werden. Das Geschenk war die Chance, meine wahrnehmbaren Grenzen zu überschreiten. Ich habe dem Unbekannten vertraut, mich auf einen Körper verlassen, den man mich zu fürchten gelehrt hatte, und er hat mich mehr als überrascht. Ich werde die Vorstellung aufgeben, einen der herrschenden Mode angepaßten oder gar einen olympischen Körper zu bekommen. Ich möchte nur einen Körper, der funktioniert, der widerstandsfähig und voller Spannkraft ist, der einen Berg ersteigen und Enkelkinder auf dem Rücken tragen kann, der auch nach einem langen Tag noch lebendig und energiegeladen ist.

Ein lärmender Zug formiert sich im angrenzenden Park, eine bunte Menge von Feiernden, die Töpfe und Pfannen, Becken und Stöcke tragen. Sie machen einen gewaltigen Krach, wollen damit das Alte austreiben, die Dämonen verjagen, um Platz für das Neue zu schaffen. Mir wird bewußt, dass ich gerade in die zweite Hälfte meines Lebens eingetreten bin, die Schwelle meiner Vergangenheit überschritten habe und mich in unbekanntes Neuland begebe, das mich unweigerlich zu mir selbst führen wird.

Gewöhnlich bin ich traurig an Silvester, klammere mich an das alte Jahr, möchte nicht, dass es zu Ende geht. Aus dem gleichen Grund habe ich stets Abschiede vermieden und mich an das geklammert, was war, weil es bekannt war, weil die Zukunft unbekannt war und man sich daher Sorgen über sie machen mußte. Wie sehr Furcht doch mein Leben bestimmt hat! Aber jetzt nicht mehr!

Meine Wangen brennen und es kribbelt in meinen Fingern. Ich betrete eine nahe gelegene Kneipe und bestelle einen heißen Apfelmost; es macht mir jetzt nichts mehr aus, unter Fremden zu sitzen. Ich tätschele meine festen Oberschenkel und verspreche mir, von jetzt an alle negativen Gedanken zu verbannen. Zufrieden mit meinen Vorsätzen fürs neue Jahr hebe ich mein Glas und trinke darauf, beleibt, schön, weiblich und ständig in Veränderung zu sein, mit dem Versprechen, meinen Körper nicht mehr zu vernachlässigen. Schließlich regenerieren sich die Knochen, wenn man trainiert, erneuert sich die Haut von alleine, um Platz für das gefestigte Fleisch zu machen, entwirren sich die Muskeln und werden geschmeidig. Ich habe mich wirklich der menschlichen Rasse wieder angeschlossen.

IM NEBEL

FEBRUAR

Langsam erwache ich aus tiefem Schlaf
Spür furchtlos meinem Schicksal nach
Geh dorthin, wo ich gehen muss.

Theodore Roethke,
›The Waking‹

Ich sitze an dem wackeligen alten Küchentisch meiner Großmutter und trinke die dritte Tasse Kaffee nach dem Höhepunkt meines Tages – einem strammen, sechseinhalb Kilometer langen Marsch. Während dieses Gangs, der den simplen Zweck hat, meine Pulsfrequenz zu erhöhen und die Zeit vom Vortag zu verbessern, bin ich meist zufrieden. Aktivitäten, die einen Anfang, eine Mitte und ein Ende haben, spornen mich an und versetzen mir einen Adrenalinschub, aber wenn sie vorbei sind, sackt meine Stimmung ab. Kein klares Ziel vor Augen zu haben macht meinen Geist stumpf, und dann setzt Lethargie ein und legt mich völlig lahm.

Dies ist eine einsamere Reise, als ich erwartet hatte. In den letzten paar Tagen habe ich übermäßig viel Zeit damit verbracht, Sand durch ein Stundenglas rinnen zu sehen – es dauert fünfzehn Minuten, bis der Sand durchgelaufen ist, und dann drehe ich das Glas um und sehe zu, wie alles von vorne beginnt. Ich beschränke mich darauf, die Zeit an mir vorbeigleiten zu sehen.

Meine Ausrede für meine heutige Gelähmtheit ist ein Schneesturm, der vor zwei Tagen gewütet und sowohl Strom als auch Telefon lahm gelegt hat. Als die Kinder noch klein waren, mochte ich Schneetage – wenn sie sich für eine zusätzliche Stunde ins Bett verkrochen, bis ich sie mit dem Duft von Speck und Crêpes in die Küche lockte. Allein zu sein und am Ende eines Feldweges zu wohnen, der nicht geräumt wird, ist weniger spaßig, vor allem, da mein Feuerholz zur Neige geht und ich angefangen habe, welches von den Nachbarn zu klauen. Ich habe versucht, einen alten, umgefallenen Baum hinten im Wald zu zerhacken, aber mir bleibt nicht genug Tageslicht, um die Menge Holz zu hacken, die ich brauche, damit ich den Ofen auch nur eine einzige Nacht lang durchheizen kann.

Meine Beklemmung wächst von Tag zu Tag – was habe ich

überhaupt vorzuweisen für mein halbes Jahr der Abgeschiedenheit? Ich bin dabei, letzte Hand an zwei Kinderbücher zu legen, aber danach ist meine berufliche Zukunft unsicher. Meine Partnerin, mit der ich zwölf Jahre lang gut zusammengearbeitet habe, ist auf und davon, wohnt jetzt in einem weit entfernten Landesteil, ohne sich viel Gedanken um den Ruf zu machen, den wir uns zusammen erworben haben, oder das Geld, das wir verdient haben. Wenn ich meine Karriere retten will (was ich gar nicht genau weiß), muß ich mir eine neue Fotografin suchen. Es kommt mir wie eine Scheidung vor, ein weiterer der vielen Verluste des vergangenen Jahres, die in mir einen brennenden, anhaltenden Schmerz hinterlassen haben.

Der schwerste Schlag war zweifellos der Tod meines Vaters, wonach ich keine Zeit zum Weinen hatte. Meine Mutter und ihre Witwenschaft hatten Priorität vor meiner Trauer. Mehr noch, meine Beziehung zu meinem einzigen Bruder ging darüber in die Brüche – seine zweite Frau hatte kein Interesse an dem Teil seiner Familiengeschichte, der sie nicht einschloss. Ich konnte meinem Bruder nicht verzeihen, dass er der Beerdigung unseres Vaters fern blieb, was zu einer Reihe von Auseinandersetzungen führte, die darin gipfelten, dass er mich für immer aus seinem Haus und seinem Leben warf. Abgesehen von meiner schal gewordenen Ehe trägt diese ganze unbeendete Trauer sicherlich auch zu meiner jetzigen Stagnation bei. Vielleicht sollte ich mich nicht so sehr dafür tadeln, von Zimmer zu Zimmer zu wandern, altbackene Weihnachtsplätzchen zu knabbern, alles Mögliche anzufangen und dann nicht zu beenden. Ich möchte den Stunden trauen, aber vergeude sie stattdessen. Ich war mir selbst noch nie so nahe, doch irgendwie schaffen wir es nicht, Freunde zu werden.

Letzte Woche, als ich eine Schachtel mit Kindheitsfotos fand, auf deren Deckel DIE VERGANGENHEIT stand, habe ich den Versuch gemacht, mich selbst zu finden. Einen ganzen Tag habe ich damit verbracht, fasziniert meine Metamorphose zu betrachten – habe die kleinen Schwarzweißfotos in chronologischer Reihenfolge auf dem Wohnzimmerfußboden ausgebreitet und sie zum Teil mit dem Vergrößerungsglas angeschaut, um einen aufschlussreichen Gesichtausdruck zu entdecken. Bis zum Alter von sechs oder sieben Jahren war ich die Verkörperung von Unschuld, Sorglosigkeit und Verwunderung: herumtollend im Schnee, am Strand, im Garten, auf Bäume kletternd und von Ästen hängend oder auf meinem Dreirad fahrend – immer mit meinem Bruder an meiner Seite.

Aber dann zogen wir um – weg von dem Haus meiner Kindheit in Buffalo, New York, in die Berge von Pennsylvania und danach noch an siebzehn andere Orte, wobei jedes Mal mehr von unserer Geschichte ausgelöscht und unser Selbst mehr entwurzelt wurde, bis ein permanentes Außenseitergefühl einsetzte. Plötzlich, als ich da mein Leben auf dem Wohnzimmerfußboden betrachtete, sah ich ein kleines Mädchen mit einem in sich gekehrten Blick, eines, das einst dünn und keck gewesen war und jetzt pummelig und traurig ausschaute, mit einem gezwungenen Lächeln statt dem früher unbeschwerten, einem angespannten, furchtsamen und doch tapferen Ausdruck im Gesicht – als würde es sie alle Kraft kosten, sich selbst zusammenzuhalten. Schließlich entdeckte ich in den Teenagerfotos eine hübsche, aber steife Person, an die ich mich nicht erinnern kann, aber eine Persönlichkeit, die vorgibt zu sein. Die Umzüge katapultierten mich nicht nur in unbekannte Gegenden, sie entrissen mich auch einer Nachbarin – einer kinderlosen Frau, die mich bedingungslos liebte und zu einer echten Ersatzmutter geworden war.

Immer wieder entwurzelt zu werden, muß zu einer tiefen innerlichen Entfremdung führen, so dass einem nach einer Weile vertraute Eindrücke und Werte fast ganz entgleiten. Ich sah in diesen Bildern, dass ich mich angepasst und überlebt habe, indem ich das wurde, was die Menschen meiner Umgebung in mir sehen wollten, wobei mein wahres Selbst mit dauerhaften Narben in seinem Selbstvertrauen auf der Strecke blieb. Ich muss dieses Mädchen bei der Hand nehmen und die verlorene Zeit gutmachen oder zumindest seiner Entschlossenheit und Hartnäckigkeit Anerkennung zollen – Eigenschaften, die auf diesen Bildern deutlich zu sehen sind.

»Ich habe mich genug verirrt, um mich selbst zu finden«, sage ich mir eine Gedichtzeile von Robert Frost vor. Hör auf, am Rand des Neuen herumzutanzen, Joan! Kein Herumschleichen mehr auf den Nebenwegen des Bewusstseins – um den eigentlichen Fragen auszuweichen, in der Hoffnung, sie würden verschwinden. Ich schüttele die trüben Gedanken ab, setze mich im Schneidersitz auf den Boden, schließe die Augen und wiege mich vor und zurück, vor und zurück, leere meinen Geist, der mich zu oft zu den Täuschungsmanövern verführt, die ich mit mir selbst veranstalte.

Ich öffne meine Augen und sehe vor mir das Kreuz hängen, das ich in New Mexico gekauft habe. Es ist aus knorrigem Mesquitholz gefertigt, krumm und ein bisschen schief, nicht gerade und schmal. Ich mag die unklare Form. Ich schaue auf das aus Blech gehämmerte Zentrum, denke, dass dies der Moment ist, an dem ich an einem Kreuzweg stehe, der mir drei Pfade öffnet (der hinter mir steht für die Vergangenheit, zu der ich nicht zurückkehren kann). Der kurze Kreuzarm zur Linken führt zu meinem Mann, wohin ich eindeutig nicht will. Zwei andere Möglichkeiten bleiben mir, deren Bestimmungsort mir unbekannt ist. Ruhe überkommt mich und mein Herzschlag wird langsamer. Meine Hände entspannen sich und die Handflächen öffnen sich spontan, während mich segensreiche Klarheit erfüllt. Ich spüre ein leises Verlangen nach Abenteuer, ähnlich, wie ich es letzten Herbst empfand. Habe ich nicht darauf gezählt, neue Pfade zu finden? Sind sie hier nicht im Übermaß vorhanden?

Ich werde an die Worte einer Jungianerin erinnert, die vor eine Gruppe Frauen über eben solche Kreuzwege sprach. »Viele von uns hätten gerne, dass andere die Entscheidung für sie treffen«, sagte sie, »aber die Heldin trifft, wenn sie an einem Kreuzweg steht, ihre eigene Entscheidung – die Antiheldin überlässt sie anderen.«

Irgendwo in all dieser stillen Pracht muss es irgendwas geben, das von mir gefunden werden will. Warum zögere ich noch? Ich schaue aus dem Fenster in den dichten Nebel – der Golfstrom muss seinen warmen Wind über das gestern noch gefrorene Land geblasen haben und ersetzt das strahlende Weiß durch trübes Grau. Die gefrorenen Schneehaufen haben sich in Matsch verwandelt. Vielleicht ist ein Entkommen möglich?

Ein Nebelhorn ruft – wenn ich es genau bedenke, hat es schon den ganzen Morgen gedröhnt. Vielleicht soll ich diesem Ruf folgen, meinem Tag ein wenig Wert zurückgeben und die Sicherheit des Zentrums verlassen? Ich ziehe meine gelbe Öljacke an, steige ins Auto und pflüge mich durch den aufgetürmten Matsch, schlittere hinaus auf die Landstraße, folge dem Ruf des Nebelhorns, als sei es eine Mutter, die ihre Kinder nach Hause ruft und mit ihrem tiefen Heulen selbst die Verlorensten zurück in die Geborgenheit führt. Ich werde vom Ort und vom Strand angezogen. Sobald ich dort ankomme, gehe ich vorsichtig los, weil ich kaum die Hand vor Augen sehen kann. Als ich um die letzte Biegung komme, von wo aus man gewöhnlich das Meer sehen kann, höre ich nur die Brandung, folge dem Geräusch, stelle mir die schaumigen Wellen vor und stapfe bald mit den Stiefeln durch den dicken, gefrorenen Sand.

Das bloße Vertrauen weist mir im Nebel den Weg, lässt mich jeden Schritt überlegen, verlangt, dass alle Sinne angespannt sind. Ich bewege mich mit einer Entschlossenheit, als würde ich mich hier genau auskennen und eine unsichtbare Karte im Kopf tragen. Im Moment gibt es keine Vergangenheit, keine Zukunft, nur die Gegenwart. Ich gehe auf die Wasserlinie zu, habe vor ihr zu folgen. Ich bin am Rande von Nirgendwo, umgeben von dichtem Nebel, bewege mich im Rhythmus des ans Ufer schwappenden Wassers auf eine Mole zu, die weit ins Meer hinausreicht – ein geheiligter Ort. Sie ist ein starker Schutzarm für den Hafen, eine isolierte Halbinsel, bestens geeignet zum Nachdenken, ein Ort, an dem man fast niemandem begegnet und nicht in seinen Gedanken unterbrochen wird. Ich schaffe den anderthalb Kilometer langen Weg bis dahin in kürzester Zeit und klettere auf die Felsbrocken, hüpfe von einem zum anderen, aber mit größter Vorsicht, da sie vom hochspritzenden Wasser glitschig sind. Vollkommen allein und mit einem Gefühl teuflischer Freiheit, beginne ich mein einsames Abenteuer gerade zu genießen, als mich plötzlich das wie gemeißelt wirkende Gesicht einer älteren Frau erschreckt, die hoch aufgerichtet in einem schwarzen, hinter ihr flatternden Cape dasteht.

Sie sieht mit blitzenden Augen zu, wie ich näher komme. »Hallo. Sind wir die einzigen, die sich bei diesem Nebel hinauswagen?«, fragt sie und lacht.

»Sieht so aus«, erwidere ich. »Guten Tag. Ich bin Joan Anderson.«

»Ich heiße ebenfalls Joan«, sagt sie und hält es nicht für notwendig, einen Nachnamen hinzuzusetzen. »Ich bin gerade erst hergezogen. Ist es nicht wunderbar hier?«

Ich nicke, verzaubert von ihrer Anmut – zartes Gesicht, hohe Wangenknochen, eine aristokratische Nase. Ich bin verblüfft, eine Frau in ihrem Alter hier draußen am Ende der Welt zu finden. Meinem Gefühl nach müsste sie fünfundachtzig oder neunzig sein – ihre rechte Hand hält einen knorrigen Holzstock umklammert, der halb unter ihrem langen, indigoblauen Jerseykleid verborgen ist.

»Sollen wir weitergehen?« fragt sie, hat sich bereits in Bewegung gesetzt und winkt mir, ihr zu folgen. Ein paar Möwen beschweren sich kreischend über unser Eindringen, aber wir gehen weiter, angezogen von dem Läuten der Glockentonne am Ende der Mole. Je weiter wir kommen, desto weniger ist noch vom Hafen oder dem Strand zu sehen. Ein kleines Ruderboot hat sich von seiner Vertäuung losgerissen und wird mit jeder Welle aufs Neue gegen die Mole geworfen. »Ich komme mir ein bisschen wie das kleine Boot vor«, platze ich heraus, ohne meine innersten Gedanken eigentlich laut aussprechen zu wollen.

»Wieso das?« fragt sie.

»Ich fühle mich losgelöst, sogar frei, aber ohne Ruder, um das Boot auf Kurs zu halten.«

»Ich würde sagen, ich fühle mich genauso ruderlos«, gesteht sie, »aber ich mache einfach weiter. Schauen Sie nicht zurück, sondern nach vorne. Ich habe jede Menge Ballast am Ufer gelassen und hoffe, hier draußen etwas anderes zu finden.«

»Die Fischer denken auch so«, sage ich. »Sie fahren Tag für Tag hinaus, vertrauen sich dem Meer an, werfen ihre Netze irgendwo aus und kommen immer mit etwas zurück.«

»Es hat etwas mit Handeln und Fühlen zu tun«, sagt sie, als ob sie es wüsste. »Darin liegt die Weisheit – in den Sinnen –, an einem grauen Tag hinauszugehen, zu wagen anders zu sein. Kein anderer ist momentan so närrisch wie wir. Gott sei Dank! Wir können ganz allein im Nebel wandern! Ich mag das Grau. Der Nebel legt sich um unsere Gedanken, damit sie Halt finden.«

»So habe ich das noch nie gesehen«, sage ich und bewege mich noch vorsichtiger, da die Wellen immer höher spritzen. Die Formlosigkeit des Nebels umwallt uns. Wir sind ohne Form und Gestalt, nur fließend und uns ausdehnend. Mit dieser alten Dame hier herumzuwandern, an diesem nicht ungefährlichen Ort, fordert mich heraus, mich noch weiter vorzuwagen.

»Manchmal denke ich, Frauen sind wie Nebel«, bemerke ich.

»Wie meinen Sie das, meine Liebe?«

»Wir wissen, was im Inneren ist, aber unser äußeres Selbst wird durch das verborgen, was andere von uns denken.«

»Tja, das mag schon sein. Die geheimnisvolle Frau – wir sollten es lieber so lassen.«

Ich lache über ihren sanften Feminismus. »Ich bin schon hundert Mal hier draußen gewesen und noch nie jemandem wie Ihnen begegnet«, sage ich und strecke meine Hand aus, um ihr über eine Spalte hinwegzuhelfen.

»Das geht schon, Mami«, sagt sie und lehnt meine Hilfe ab. »Dieser alte Körper hat mich noch nie im Stich gelassen«, fügt sie koboldhaft hinzu und tanzt fast über die unebenen Felsbrocken.

»Wie halten Sie ihn so fit?«, frage ich.

»Ach, meine Liebe, das ist nicht schwer. Bewegung, viel Bewegung. Ich gehe jeden Tag mindestens dreieinhalb Kilometer. Mein Körper ist meine größte Stärke, also achte ich drauf, ihn in Schuss zu halten.«

Wir haben das Ende der Mole erreicht und lehnen uns an den Rand der Glockentonne. Ihre Gedanken sind herrlich. Ich möchte mehr wissen – könnte ihr den ganzen Tag zuhören. »Wenn der Schüler bereit ist, erscheint der Lehrer«, sagt das Sprichwort. Und zu denken, dass ich gezögert habe, heute hinauszugehen!

Sie scheint meine Gefühle zu teilen und sagt überraschend zu mir: »Ich mag Sie! Erzählen Sie mir von sich.«

Ich berichte ihr von meinem Leben – verheiratet, zwei Söhne, Autorin von Kinderbüchern – und füge hinzu, dass ich hierher gekommen bin, um mich selbst zu finden.

»Tja, hier draußen kann man bestimmt zu sich selbst finden. Mir ist es nie gelungen, Erfahrungen durch Worte zu ersetzen – ich musste immer raus und aktiv etwas tun, so wie wir jetzt.«

Ihre Worte sind so tröstlich wie der Strahl des Leuchtturms, der nun den Nebel durchschneidet – stetig, kraftvoll, pulsierend –, ein fester Anhaltspunkt im trüben Grau.

Schließlich treten wir den Rückweg an, gehen hintereinander her. »Ich würde mich sehr freuen, wenn wir uns wieder sehen«, sagt sie, »vielleicht mal spät nachmittags einen Port zusammen trinken könnten.«

»Sehr gerne«, erwidere ich, als wir uns dem Parkplatz nähern, wo ein Taxi auf sie wartet, um sie nach Hause zu bringen, wo immer das sein mag.

»Es ist mir zuwider, kein Auto zu haben«, sagt sie, sichtlich unglücklich darüber, auf andere angewiesen zu sein. »Ich denke daran, mir im Frühjahr so einen Golfwagen zu kaufen – ja, und ein dreirädriges Fahrrad.«

Ungläubig schüttele ich den Kopf. Noch nie ist mir jemand in ihrem Alter begegnet, der so viel Entschlossenheit zeigt. »Ihr Nachname – sagen Sie mir, wie ich Sie finden kann«, rufe ich ihr nach, als sie sich auf den Rücksitz setzt. »Erikson«, erwidert sie. »Joan Erikson. Ich wohne ein Stück die Bank Street hinauf, an der Parallel Street. Rufen Sie mich an, ja?« Und damit schlägt sie die Tür zu und ist verschwunden.

Ich bin völlig hingerissen. So lange habe ich mir gewünscht, jemandem zu begegnen, der mir den Weg weisen oder mir zumindest Anstöße in die richtige Richtung geben kann. Mir geht auf, dass man zwar im Nebel herumwandern kann, sich dabei aber nicht unbedingt verlaufen muß.

SEEHUNDFRAU

MÄRZ

Am Anfang war der Gedanke und sein Name war Frau.
Sie ist die ALTE Frau, die das Feuer des Lebens schürt.
Sie ist die ALTE Spinnenfrau, die uns miteinander verwebt.
Sie ist die älteste Göttin und diejenige, die sich erinnert
und ZUSAMMENFÜGT.

Anonym

Sie tauchte in meinem Leben auf wie die Flut bei Vollmond, deren schaumgekrönte Wellen ans Ufer rollen, weit auf den Sand hinauflaufen und die Zehen der Strandspaziergänger benetzen. Nach unserer ersten Begegnung besiegelte unsere nächste Begegnung – bei einem feurigen Sonnenuntergang und mehreren Gläsern Port – die Freundschaft und hob den Nebel, der mich so lange umschlossen hatte.

Bei unseren ersten Zusammenkünften war ich zurückhaltend, sogar schüchtern, nachdem ich die gerahmte Titelseite von ›Time‹ mit einem Foto ihres Mannes über ihrem Schreibtisch hatte hängen sehen – des berühmten Psychoanalytikers Erik Erikson, der den Begriff »Identitätskrise« geprägt hat. Berühmtheit verunsichert mich, lässt mich insgeheim fragen, ob ich den Ansprüchen gerecht werde. Ich musste den Wunsch unterdrücken, beeindrucken zu wollen, und bemühte mich stattdessen, einfach nur ich selbst zu sein, mit all meinen Unzulänglichkeiten. Zum Glück versicherte mir Joan, dass auch sie weit davon entfernt war perfekt zu sein. Zudem war es nicht meine Entscheidung, ob sie meine Freundin sein würde oder nicht; sie hatte sich an mich geheftet wie ich mich an sie – zwei Austern an einem Felsen. Dort würden wir »festsitzen«, so lange uns kein Sturm auseinanderriss – ich und eine alte Frau mit dem Herzen eines jungen Mädchens, die ihr Herz geöffnet hatte, weil sie uns für verwandte Seelen hielt.

Auf diese Weise scheinen wirkliche Verbindungen zu entstehen – zwei Gleichgesinnte, die einander begegnen, sich beschnüffeln wie zwei Welpen, und dann, *wusch*, springt der Funke über, Höflichkeiten werden fallen gelassen, eng verflochtene Gefühle kommen hoch und eine Beziehung ist geboren. Sechs Wochen sind vergangen seit jenem Nachmittag auf der Mole; wir haben die Anfangsphase der Freundschaft hinter uns, sind bereit, uns in tiefere Gefilde zu begeben, wo Intimitäten und Verletzlichkeiten miteinander geteilt werden.

»Wenn wir unsere wirklichen Gefühle nicht miteinander teilen können, dann könnten wir ebenso gut Männer sein«, witzelte sie letzte Woche, ließ damit wieder einen ihrer verbalen Goldnuggets fallen. »Alle sind so furchtbar ernst, wo doch alles nur ein Spaß ist.«

Mit meiner neuen Freundin »festzusitzen« ist, als sei Tinker Bell oder Aschenputtels gute Fee vorbeigekommen und hätte darauf bestanden, mir zu Diensten zu sein. Ich hatte schon immer eine Schwäche für Zauberwesen, für ihre Fähigkeit, prosaische Individuen in Freigeister zu verwandeln. Es ist, als hätte eine Muse mich geküsst – kein Märchenprinz, sondern eine zweiundneunzigjährige alte Dame, die mich an ihrer Weisheit teilhaben lässt und erwartet, dass ich die Schwingungen auffange.

»Du musst dir selbst Raum geben«, meint sie, während wir zusammen am Handwebrahmen arbeiten. Sie hat mir das Weben beigebracht und wir stellen jetzt Webarbeiten her, in denen sich die Stadien unseres Lebens widerspiegeln. Typischerweise wollte ich den Vorgang beschleunigen, kombinierte die Farben zu rasch miteinander, ohne wirklich aufzunehmen, was sie im Einzelnen bedeuteten: Qualitäten wie Autonomie, Initiative, Arbeitseifer, Intimität. »Du mußt mehr darauf achten, was es bedeutet, wenn die Farben zusammentreffen«, sagt sie, »um zu erkennen, welche Stärken du hast und wie du diese Stärken einsetzen kannst.«

Durch sie beginne ich zu erkennen, dass jeder Faden wichtig ist, beginne ich zu begreifen, dass eine Farbe, die ich hier entferne, und eine andere, die ich dort hinzufüge, das Gewebe dessen, was ich bin, verändern. Sie lehrt mich, dass Entzücken in der Beständigkeit liegt – all das zu nehmen, was ich weiß und bin, dieses Wissen in das Gewebe des täglichen Lebens einzuweben und dabei nie zu vergessen, mir genug Raum zu geben. »Bitte, meine Liebe«, hat sie mehr als einmal zu mir gesagt, »du darfst nicht so locker weben, damit noch Platz für das bleibt, was aus dir wird. Du hast bereits zwei Drittel des Webrahmens gefüllt und dabei hast du doch noch das halbe Leben vor dir.«

Jede Frau sollte eine Mentorin haben – nicht ihre Mutter, sondern jemanden, der nicht so ängstlich darum besorgt ist, was aus ihr wird, der sie ermutigt, Risiken einzugehen, und sie auffängt, wenn sie auf die Nase fällt. Jedes Mal, wenn wir zusammen sind, stachelt Joan mich an, stupst mich und redet mir gut zu wie eine Mutter, die ihr verschlafenes Kind aufweckt, damit es rechtzeitig zur Schule kommt. Ihre Anrufe kommen früh, im Zwielicht zwischen Traum und Erwachen.

»Hallo, meine Liebe«, sagt sie, ihre Stimme besänftigend wie warmer Ahornsirup. »Was sollen wir heute anstellen?«

»Wonach ist dir denn zumute?«, frage ich und lächle über ihre Aufgekratztheit.

»Ach, ich weiß nicht – lass uns einfach losziehen und Erfahrungen sammeln!«

Heute nehmen wir uns eine Wanderung durch ein nahe gelegenes Moor vor. Gegen Mittag fahre ich zu ihrem kleinen Häuschen, das an den Salzwiesen liegt, und verbeuge mich vor der Statue des heiligen Franziskus, zuständig für das Wohlergehen der vielen Vogelarten, die an Joans diverse Futterhäuschen kommen. Statt einer Türklingel hat sie einen Metalltriangel an einem Haken neben der Eingangstür hängen, an dessen Stab die Anweisung befestigt ist: LAUT KLINGELN. Nach mehreren Schlägen mit dem Stab erscheint sie, bequem gekleidet in Leggings, schwarze Schnürschuhe und eine Jacke, die sie sich aus den Krawatten ihres Mannes genäht hat.

»Hallo«, ruft sie, öffnet ihre Arme und drückt mich an sich. Ich umarme sie vorsichtig, denke an ihre brüchigen Knochen. »Nein, tu das nicht«, flüstert sie, spürt, dass ich mich zurückhalte, und drückt mich fester. »Komm rein. Ich möchte dir etwas vorlesen.« Sie nimmt meine Hand, führt mich durch den

Flur, vorbei an der Tretmühle und dem improvisierten Altar für ihren tanzenden Buddha, dann in das spärlich möblierte Wohnzimmer, in dem ein gewaltiges Stück Treibholz der einzige Schmuck ist.

Ich setze mich auf einen Korbhocker zu ihren Füßen, während sie auf dem Drehstuhl an ihrem Schreibtisch Platz nimmt, dessen Fächer vollgestopft sind mit Notizen, schönem Schreibpapier und Füllhaltern; an der Schreibtischlampe hängt ein Zettel mit der Aufschrift LÄCHLE TROTZDEM. »Na, wo ist denn das verdammt Ding?«, sagt sie und wühlt in den Papieren, bis sie das Blatt gefunden hat, das sie sucht. »Ich habe gestern Abend ein Gedicht für dich geschrieben. Sag mir, was du davon hältst.«

EMPFEHLUNG

Ungeduldige Frau, kannst es kaum erwarten
Mit dem Vogel der Nacht zu fliegen,
Noch bevor der frühe Frost dein Haar berührt hat.
Aufgeschlossenheit hat eine Tiefe,
Die nur allmählich wächst,
Lass es auf dich zukommen – langsam.
Wachse langsam und lerne Geduld.

Mir ist ein bisschen unbehaglich, weil sie meine Hast angesprochen hat – mein Bedürfnis, Antworten sofort zu finden. Obwohl sie nicht in meinem Leben herumgeschnüffelt hat – was ich hier ohne einen Ehemann mache –, bin ich sicher, dass sie meinen Kampf spürt. »Geduld ist keine deiner Stärken, nicht wahr, meine Liebe?«, sagt sie und überbrückt damit das entstandene Schweigen. »Du musst deine innere Unruhe überwinden. Es gibt kein Ankommen. Alles bleibt stets im Werden begriffen.«

Tränen treten mir in die Augen, als ich begreife, dass sie mein wirkliches Selbst sieht.

»So viel in dir wacht gerade erst auf«, fügt sie hinzu. »Alles ist am Brodeln – es gärt in dir und das finde ich großartig!«

Damit mag sie Recht haben, obwohl es mir nach wie vor nicht gelingt, das lähmende Gefühl abzuschütteln, das mich stets überwältigt, wenn ich an die Zukunft denke.

»Du musst sehr vorsichtig mit dem gewesen sein, was du in deinem bisherigen Leben getan und gesagt hast, um dein innerstes Wesen zu unterdrücken. Kein Wunder, dass du hier bist und derart in Eile.«

Tränen rinnen mir über die geröteten Wangen, so erleichtert bin ich darüber, endlich erkannt worden zu sein. Ich habe immer jemanden kennen lernen wollen, der sich die Mühe macht, hinter mein Äußeres zu schauen, ohne dass ich irgendwelche Hinweise geben muß.

Als ob sie wüsste, was ich denke, sagt sie: »Sie wollen uns so haben, weißt du – vorhersehbar und angepasst. Das Problem ist nur, dass wir letztlich zu nichts mehr passen!«

Wir lachen beide, vertreiben damit die trübe Stimmung. Zum ersten Mal, seit ich hierher gekommen bin, spüre ich eine Bestätigung für meine Entscheidung. »Es war so schwer, von zu Hause fortzugehen«, sage ich, »aber mein Instinkt riet mir, irgendwo hinzugehen, wo die Natur ihren Lauf nehmen konnte.«

»Das ging mir genau so«, gesteht sie. »Ich kam her, ließ Freunde und Cambridge hinter mir, um ohne Einmischung mit der Krankheit meines Mannes fertig zu werden. Man kann niemals frei über sich verfügen, wenn man bei der Familie bleibt.«

Ich finde unser beider Situation seltsam. Sie ist *mit* ihrem Mann weggelaufen, ich bin *vor* meinem davongelaufen. Ich wünschte, mein Entschluss hätte ihn mit einbezogen, aber das war nicht der Fall. Bevor ich wieder in Selbstzweifel versinken kann, rettet sie meine Stimmung.

»Hierher zu kommen war eine kluge Entscheidung – sich nicht unter der Bettdecke zu verkriechen, wie es so viele Ehefrauen machen, zu schniefen und Angst davor zu haben, die Sicherheit zu verlieren. So viele Frauen glauben, dass Liebe ein Gefühl der Abhängigkeit ist. Manchmal kann es für Frauen eine Art Alibi sein, einen Ehemann zu haben. Schau, du hast eine Tür zugeschlagen, aber dafür eine andere weit geöffnet. Menschen entwickeln sich, wenn sie allein sind, und werden nur zur Wahrheit geführt, nachdem sie alle Illusionen hinter sich gelassen haben.«

Meine Panik lässt nach, während sie fortfährt.

»Ich bin mein ganzes Leben lang davongelaufen«, sagt sie. »Als ich klein war, lief ich in den Wald – der einzige Ort, wo ich so sein konnte, wie ich war –, dann nach Europa – unerhört für eine einundzwanzigjährige Frau –, änderte meinen Namen und wurde, was immer ich sein wollte. Man muss man selbst werden. Auf jeden Fall ist es ziemlich tödlich, das nicht zu sein! Nur durch Aktivität erreicht man Veränderung, Herzchen. Alles, worüber wir reden, ist keinen Pfennig wert, wenn wir es nicht umsetzen.«

»Worauf warten wir dann noch?«, frage ich. »Du redest doch ständig davon, dass wir die Sinne überfrachten. Sollten wir uns nicht auf den Weg machen?«

»Ja, es ist höchste Zeit«, stimmt sie zu, greift nach Mantel, Mütze und Handschuhen, um gegen den kalten grauen Nachmittag gewappnet zu sein. Gleich darauf sitzen wir im Auto und sind im Nu in Stage Harbor. Ich parke in der Nähe des Leuchtturms, und bevor ich noch die Türen abschließen kann, ist sie hinausgesprungen und geht direkt in schnellem Tempo auf das unwirtliche Moor zu, als wolle sie sagen: »Fang mich doch, wenn du kannst.« Das Moor ist wirklich unwirtlich, aber wir finden es wunderschön, bedeckt mit kräftigen Flechten, Wachsmyrtengestrüpp, Gräsern – ein Ort, an dem alles von Neubeginn spricht. Hier ist der Besucher nicht nur versucht, sich zu strecken, sondern auch neu zu wachsen.

Wir tun so, als seien wir auf einer Schatzsuche für unsere Seelen, halten nach nichts Besonderem Ausschau, hoffen aber, die eine Muschel, den einen Stein, das eine Stück Treibholz zu finden, das zu uns spricht. Die Winterstürme haben große Mengen Seetang hier abgeladen, was uns das Gefühl gibt, über einen riesigen Schwamm zu spazieren. Ich sehe sie weit vor mir, wie sie sich bückt und eine Handvoll Tang aufhebt. Sie dreht sich um, vergewissert sich, dass ich zu ihr schaue, und drapiert sich den Tang über den Kopf. »Ich wollte schon immer eine Meerjungfrau sein«, ruft sie, amüsiert über ihr Närrischsein und ihren neuen, wirren Haarschopf. »Was würden wohl die Leute sagen, wenn sie uns so sehen könnten?«

Mir geht auf, dass sie in diesen Elementen hier ganz zu Hause ist – auf intime Weise mit ihnen vertraut. Im Moment erinnert mich ihr Verhalten an die Seehunde. Sie hören, was andere nicht hören können, wissen von dem, was tiefer liegt, und beziehen ihre Kraft aus den Elementen. Ist es das, was Joan wirklich ist: eine Seehundfrau, die sowohl in der Welt der Menschen wie auch der Tiere zu Hause ist? Auf jeden Fall gelingt es ihr mit ihren Eskapaden stets, das Kind in mir freizusetzen. Plötzlich hat alles etwas Spielerisches und Leichtes. Wen kümmert es, wo das Wasser aufhört und der Wind beginnt?

Ich entdecke einen Rotfuchs, der in eine drei Meter von uns entfernte Wasserpfütze starrt, und greife nach Joans Arm, um sie darauf aufmerksam zu machen. Innerhalb von Sekunden hat das Tier uns bemerkt und wir sehen uns eine ganze Minute lang direkt in die Augen, wonach der Fuchs sich wieder der Pfütze zuwendet, mehr an seinem eigenen Spiegelbild interessiert als an uns. »Bravo«, lobt Joan den Fuchs. »Wir könnten alle ein bisschen mehr Selbstreflektion vertragen.«

Wir kommen zu einer Senke, in der Tausende ausgebleichter Muschelschalen und andere Überreste des Meereslebens verstreut liegen. Joan stochert mit ihrem Stock, macht einen Gegenstand nach dem anderen los – je zerbrochener und zerschlagener, desto besser. Ich sitze zufrieden auf einem alten Baumstamm und schaue mich prüfend an diesem einsamen Ort um. »Wäre gut geeignet für eine Visionssuche«, denke ich laut.

»Was ist das?«, fragt sie und stochert weiter, während ich es ihr erzähle.

»Das hat mir vor ein paar Jahren ein alter Navajo erklärt. Er geht einmal im Jahr in die Wildnis und verbringt vierundzwanzig Stunden an einem einsamen Platz, wo sich ihm die Natur darbietet. Er sagte mir, dass selbst der vollgestopfteste Kopf nach der ersten Stunde von allen unwesentlichen Gedanken befreit ist und dass die wahre Sprache aus der Stille entsteht.«

»Ja, das hier wäre ein guter Platz«, stimmt sie zu, klingt ganz begierig darauf, auf der Stelle an so einer Erfahrung teilzunehmen.

Ich gehe weiter, ziehe mich in mich selbst zurück, habe ein Stück Strandglas gefunden und suche jetzt nach mehr. Während ich das Glasstück in meiner Tasche befingere, wird mir bewusst, dass es einst Teil eines Ganzen war. Jetzt hat es Risse und ist zerbrochen, aber die Zeit hat seine Kanten abgerundet, und es ist zu etwas Neuem geworden – eine hübsche Metapher für eine Frau, die sich durch verschiedene Stadien hindurch entwickelt hat, die harten und weichen Seiten ihrer Persönlichkeit in sich vereinigt und sich nun entspannt, um zu verstehen, worum es in ihrem Leben wirklich geht.

Heute ist es die Schale einer Venusmuschel, hier auf Cape Cod »Quahog« genannt, die mich anspricht. Ein Stückchen ihrer anderen Hälfte hängt noch an ihr dran. Sie hat etwas Königliches, einen triumphierenden purpurfarbenen Streifen am äußeren Rand. Ich stelle mir das saftige Fleisch vor, das diese Schale einst beherbergt hat, und denke, so eine Muschel ist wie eine Frau, die Jahre damit verbracht hat, ihre Familienmitglieder zusammenzuhalten, und aus den Angeln gerät, wenn sie in die Welt hinaus gegangen sind, genau wie die Muschel, die nicht mehr mit ihrer anderen Hälfte verbunden sein muss; ähnlich wie ein

Ehemann und eine Ehefrau in einer seit langen Jahren bestehenden Ehe, die beide dem nachgehen, was sie bisher nicht gelebt haben.

Meine Nase führt mich zu einem Haufen Zehennagelmuscheln, die im Sand austrocknen, fest aneinander geklammert. Mich verblüfft der Gestank, der von diesem Aneinanderklammern ausgeht, diesem Festhalten, wenn Loslassen vielleicht besser gewesen wäre. An wie viele Menschen habe ich mich geklammert oder zugelassen, dass sie sich an mich klammerten, länger als es für alle Beteiligten förderlich gewesen wäre? Ein Teil der Freiheit, die ich heute empfinde, kommt vom Loslassen.

Nach einer Weile kommt Joan zu mir, greift ohne zu fragen nach meiner Hand, und wir schauen auf die Weite hinaus, die uns das Meer zu bieten hat. Wir helfen einander, vollwertige Menschen zu sein; ihr Bedürfnis nach Kameradschaft, damit sie Freiheit und Abenteuer genießen kann, zwingt mich dazu, dasselbe zu suchen. Unsere Schatzsuchen ergeben selten eine einzelne Einsicht von großer Bedeutung. Eher finden wir neue Einstellungen. Was mich betrifft, so ist meine Energie umgelenkt worden, mein Humor kehrt zurück, Körper und Geist haben sich gestreckt.

Schließlich fahren wir nach Hause, zwei ans Ufer Geschwemmte, die eine Strandkur gemacht haben, erfrischter, als wir bei unserer Ankunft waren.

EBBE UND FLUT

APRIL

Wenn du mit Massen reden kannst, ohne die Tu-
gend zu verlieren,
oder neben Königen gehen kannst – doch den
common touch nicht verlierst,
wenn dich weder Feinde noch liebevolle
Freunde verletzen können,
wenn alle auf dich zählen, aber keiner zu sehr,
wenn du die erbarmungslose Minute füllen
kannst
mit sechzig vollen Sekunden eines Langstrecken-
laufs,
gehört dir die Erde und alles, was darauf ist,
und – was mehr ist – du wirst ein Mann sein,
mein Sohn!

Rudyard Kipling,
›Wenn‹

Ich stehe an einem Vorfrühlingsmorgen in der Küche, die Hände im seifigen Wasser, spüle das schmutzige Geschirr vom gestrigen Festessen ab, eines der vielen, die ich in diesem Monat für eine ganze Reihe von Menschen zubereitet habe. Menschen, die unverhofft auf meiner Türschwelle auftauchten und meine sorgsam errichteten Grenzen ebenso schnell zum Schmelzen brachten wie das Eis auf dem Teich schmolz.

Dieses zufällige Eindringen begann unschuldig genug, mit Stippvisiten einer alten Zimmergenossin aus dem College und eines entfernten Cousins auf der Suche nach einem Cottage, das er für den Sommer mieten kann. Bald danach wurde es ernster: Verwandte von Joan Erikson über ein Wochenende, ein Besuch meiner Freundin Hazel, acht Tage Kochen für eine Filmcrew. Ich war gezwungen, mein Einsiedlerleben aufzugeben.

Während ich die Teller staple, die Gläser abtrockne und das Besteck sortiere, schaue ich immer wieder zu dem kleinen Wandteppich, den Joan und ich angefertigt haben und der jetzt über der Spüle hängt, und frage mich, ob ich, wie sie mich so oft drängt, während dieser Besuche Raum für mich selbst gelassen oder den Forderungen der anderen nachgegeben habe.

Obwohl ich zunächst gar nicht begeistert darüber war, Gesellschaft zu bekommen, war Joans Beschreibung ihres Cousins und seiner Frau, die zu einer Konferenz hierher gekommen waren, doch sehr verlockend; er ist Psychoanalytiker, sie Pastorin der Episkopalkirche. Wie konnte ich ablehnen, sie bei mir aufzunehmen? Ich hatte das Gefühl, es wäre sowieso an der Zeit, meine Tür zu öffnen, um frische Gedanken einzulassen. Es reizte mich, Gastgeberin eines Seelendoktors zu sein, und mir kamen jede Menge Fragen in den Sinn, die ich ihm über meine Psyche stellen könnte.

Seine Frau enervierte mich zuerst, bis ich merkte, dass sie nur meinen Charakter überprüfte, um sicher zu sein, dass Joan in gute Hände gefallen war. Ihm gelang es hingegen, meine Barrieren in kürzester Zeit zu durchbrechen – ein umgänglicher, an allem interessierter Mann, der mir Fragen stellte, statt umgekehrt.

Sie trafen nach Einbruch der Dunkelheit ein, und als wir bei Wein und Käse saßen und uns bis spät in die Nacht unsere Lebensgeschichten erzählten, fiel mir wieder ein, wie stimulierend gute Gespräche stets für mich gewesen waren. Unsere Unterhaltung wandte sich der Philosophie Jungs zu, und wir sprachen über die Balance zwischen dem femininen und maskulinen Teil unserer Persönlichkeit, der Arbeit mit unseren Schatten und andere Themen dieser Art.

»In unserem Alter und Lebensstadium sollten wir uns auf das Gold unserer Schatten konzentrieren«, sagte er. »Auf den Dreck in unserem Leben schauen und damit arbeiten, statt ihn zu ignorieren.«

»Warten Sie mal«, warf ich ein, ohne wie sonst mein Unwissen zu überspielen. »Zunächst mal – was zum Teufel ist mein Schatten?«

»Ihr dunkle Seite, das Schlechte an Ihnen«, erwiderte er. »Ich gebe Ihnen ein Beispiel: Angenommen ich fühle mich zu einer einundzwanzigjährigen Patientin hingezogen, was für einen Mann in meinem Alter nicht ungewöhnlich ist, doch wenn ich meine lustvollen Phantasien auslebe, würde der Teufel los sein. Aber wenn ich diese Gedanken einfach leugne, wäre das glatte Repression. Ich mag solche Gedanken ausgeblendet haben, als ich frisch verheiratet war und wir Kinder großzuziehen hatten, aber jetzt habe ich mehr Freiheit und gewinne nichts dabei, wenn ich meine Phantasien unterdrücke. Stattdessen ist es meine Pflicht, sie ans Tageslicht zu bringen, zu erkennen, was ich vermisse, und dann zu versuchen, zum Beispiel mehr Leidenschaft in mein Leben zu bringen, innerhalb der Grenzen meiner Ehe.«

Ich saß im Schneidersitz auf dem Boden und veränderte meine Sitzhaltung, mir meiner selbst plötzlich stärker bewusst. Ich fragte mich, was er wohl wirklich darüber dachte, dass ich meinen Mann verlassen hatte, allein lebte und versuchte mich selbst zu finden. Ich wagte ihn zu fragen – nicht, um seine Meinung über mich zu hören, aber um zu erfahren, wie jemand in meiner Situation mit seinem Schatten arbeitet.

»Im Moment sind Sie ganz eins mit Ihrem Schatten«, sagte er, »da Sie etwas tun, was nicht dem gewöhnlichen Muster entspricht, und sich mit Dingen beschäftigen, die Sie wahrscheinlich seit Jahren nicht anzusehen gewagt haben.«

Er hatte natürlich Recht, aber ich wollte nicht sagen, was ich da ausgrub, weil es mir unangenehm war, solche Dinge vor einem relativ Fremden auszubreiten, egal, wie rasch wir uns nahe gekommen waren. Trotzdem waren die Abende mit diesen beiden Menschen intensiv und belebend.

Und doch blieb mir bewusst, dass ich die Gastgeberin war, die jeden Abend das Essen fertig hatte, wenn sie von ihrer Konferenz und ihren Ausflügen zurückkamen, diejenige, die die meiste Planung und Arbeit für sie übernahm, eine Pflicht, die ich offensichtlich nach wie vor für selbstverständlich halte, um zu solchen Erlebnissen zu kommen. Daher war es ein Schock für mich, als ich mich hinsetzte, um unsere Gespräche in meinem Tagebuch aufzuzeichnen, und nach den Antworten suchte, auf die wir bei all dem Gerede doch sicherlich gekommen sein mussten. Als mir nichts einfallen wollte und die Tagebuchseiten leer blieben, begann ich mich zu fragen, ob sich denn wirklich etwas Bemerkenswertes zwischen uns abgespielt hatte. Waren unsere Gespräche nur reine Theorie gewesen, ohne jedes Gefühl? Sowohl beunruhigt als auch erregt, ging ich zu Joan, um mit ihr zu erörtern, warum so viel Aufwand so wenig Ergebnisse erbracht hatte.

»Du kannst keine Antworten von Autoritäten erwarten,

Dummchen, besonders, wenn es Männer sind!«, sagte sie, ein wenig enttäuscht darüber, dass ich nicht selbst darauf gekommen war. »Die Antworten kommen nur von hier«, beharrte sie und deutete auf ihr Herz, »nicht von außen. Es geht um Geben und Nehmen, Ziehen und Schieben, um Durchwalken, genau wie bei unserer Webarbeit.«

Den ganzen Weg zurück zu meinem Cottage beschimpfte ich mich dafür, derart einfältige Erwartungen zu haben. Plötzlich war ich verdrossen und gereizt wegen all der Mühe, die ich mir gegeben hatte. Einsamkeit vertreibt jede Servilität, so viel ist sicher. Obwohl ich den Gedanken einer Politik der offenen Tür begrüße und allmählich begreife, dass man wertvolle Lektionen von neuen Menschen und aus neuen Erfahrungen lernen kann, darf ich nicht vergessen, freundlicher zu mir zu sein. Ich werde die Laken und Bezüge waschen, die Tür zum Gästezimmer schließen und meinen Freiraum zurückfordern.

Als ich mich gerade wieder daran gewöhnt hatte, in Unterwäsche herumzulaufen und das Klo nur zu säubern, wenn mir danach war, hörte ich ein Auto erschreckend nahe beim Cottage. Ich sah aus dem Küchenfenster, dachte, es sei vielleicht der Ölwagen oder der Postbote, und entdeckte das koboldhafte Gesicht meiner Freundin Hazel hinter der Windschutzscheibe ihres Autos. Sowohl beunruhigt als auch erfreut über diese neue Unterbrechung, ging ich hinaus, um sie zu begrüßen.

»Deine Stimme klang schrecklich flach, als wir das letzte Mal miteinander telefoniert haben«, gestand sie, um ihr unerwartetes Auftauchen zu erklären. »Ich habe meine Tante Bessie in Boston besucht und musste mich einfach selbst davon überzeugen, ob es dir wirklich gut geht.«

Ich ließ ihre Fürsorge auf mich wirken. Hierher zu kommen war für sie eine mutige Tat. Ungeachtet unserer achtjährigen Freundschaft will sie immer noch nicht so recht glauben, dass ich sie bedingungslos mag und nie nein zu einem Besuch sagen würde. Trotzdem, da stand sie: in einem locker sitzenden Putumayo-Kleid, die Arme voller Geschenke und Lebensmittel, und sah mehr aus wie ein in die Jahre gekommenes Blumenkind, einschließlich der Birkenstocksandalen und der Großmutterbrille, als die wohl situierte Kinderärztin, die sie ist. Hazel, in allem immer mehr als großzügig, gibt stets zu viel, womit sie wahrscheinlich ihre, wie sie meint, mangelnden persönlichen Eigenschaften zu kompensieren versucht. Wie kann eine derart erfolgreiche Frau nur so wenig Selbstwertgefühl haben?, dachte ich und mußte lachen. Wir sind uns sehr ähnlich. Vielleicht ist das der Grund, warum wir befreundet sind, warum mich ihre Ankunft nicht aus der Fassung brachte. Hazel ist genauso begierig auf Anerkennung und Zuneigung wie ich; wir beide haben einander viel zu geben.

»Das letzte Mal habe ich dich gesehen, als du von New York wegfuhrst«, sagte sie wehmütig, als wir uns zu einem gemütlichen Plausch zusammengesetzt hatten. »Ich war so neidisch. Das bin ich immer noch, wenn man es recht bedenkt, nachdem ich jetzt gesehen habe, wie schön du es hier hast.«

»Aber du könntest nicht fortlaufen, auch wenn du es wolltest«, erinnerte ich sie, »so sehr, wie du mit deiner Kinderarztpraxis und diesem Mann verheiratet bist, den du immer noch zufriedenzustellen versuchst.«

Sie nickte nur, sagte nichts weiter dazu. Gewöhnlich heben wir uns die Ehemänner und Kinder bis zum Schluss auf, nachdem wir über alles andere geredet haben, was sich in der Zwischenzeit in unserem Leben getan hat. »Wie lange kannst du bleiben?«, fragte ich und hoffte auf mindestens zwei Tage.

»Nur über Nacht«, erwiderte sie, »obwohl ich vielleicht nie wieder weggehe, wenn ich mich erstmal in diesem gemütlichen Dachzimmer eingerichtet habe. Da oben komme ich mir vor wie in einem Baumhaus.«

Wir tauschten Klatsch und Tratsch aus, während wir das Abendessen zubereiteten und ein bisschen beschwipst wurden. Ich hatte vergessen, wie viel Spaß es macht, einfach frei von der Leber weg zu reden, diese unvermeidlichen Vergleiche zwischen unserem Leben und dem gemeinsamer Freunde anzustellen. Unsere rebellischen Freunde mögen wir am liebsten und haben wenig Geduld mit denjenigen, die keine Risiken eingehen wollen. Unsere Bewunderung gilt denen, die regelmäßig stolpern, es trotzdem von Neuem versuchen und einfach nicht perfekt sein können, auch wenn sie sich noch so sehr bemühen.

Am nächsten Morgen schwatzten wir während des Frühstücks weiter, das Hazel zubereitet hatte – Blaubeerpfannkuchen »aus Kleie und Vollkornmehl«, verkündete sie, »macht überhaupt nicht dick.«

»Nächstes Mal musst du aber länger bleiben«, sagte ich, als sie sich zur Abfahrt bereit machte. Tränen, halb verborgen durch die Sonnenbrille, rannen ihr beim Abschied über die Wangen. Es ist so erleichternd und angenehm, sich mit einer lieben Freundin auszutauschen mit jemandem zusammen zu sein, vor dem man nicht alles rechtfertigen muss.

Ihr Besuch bestätigte mich in dem Leben, das ich gewählt, und den Grenzen, die ich gesetzt habe. Sie blieb nicht länger, als sie willkommen war, und erwartete von mir nicht, die Gastgeberin zu spielen. Sie bot mir ihre Zeit und Gesellschaft und ließ, wie gewöhnlich, einen Stapel Bücher zurück, die ich lesen sollte, damit wir bei unserem nächsten Zusammentreffen darüber diskutieren konnten. Ich freute mich gerade darauf, meine Einsamkeit von Neuem zu genießen, als das Telefon klingelte.

»Hi, Joan«, sagte mein ältester Neffe, »ich bin auf dem Cape, will hier einen Film drehen und ich muss mit dir reden. Kann ich rüberkommen?«

»Warum nicht?«, erwiderte ich, obwohl ich spürte, dass er hinter Geld, Unterkunft oder irgendwas in der Art her war. Warum hätte er sonst mit mir reden »müssen«? Ich hatte halbwegs damit gerechnet, von ihm zu hören, da die ganze Familie seine aufblühende Filmkarriere verfolgt hatte und ich wusste, dass sein nächster Film am Meer spielte. Trotzdem war ich neugierig, wie ich ins Bild passen würde. Er ist ein wahrer Überredungskünstler und ich kann seinen Bitten nicht widerstehen, besonders, da ich bei seiner Geburt dabei war. Ich machte mich also auf einiges gefasst.

Ein paar Stunden später kam er mit seinem Problem an. »Die Frau, die ich als Köchin für die Crew engagiert hatte, musste absagen«, sagte er. »Ich brauche dringend einen Ersatz. Meinst du, dass du das eventuell übernehmen könntest?«

Ich fühlte mich geschmeichelt, dass er ein solches Vertrauen in mich hatte, und spürte den vertrauten alten Adrenalinstoß, der bei mir durch Theaterschminke und das ganze Drum und Dran ausgelöst wird. Die Romantik und die Erregung, die so eine Produktion umgeben, sind für mich der reinste Himmel, eine Form von Aufputschmittel, das mich stets anfeuert und meine ganze Persönlichkeit überwältigt. Aber er bat mich ja nicht, das Licht zu machen, Bühnenentwürfe zu skizzieren oder in der Produktion mitzuspielen. Ich sollte schließlich nur die Köchin sein. Ich bezähmte meine anfängliche Begeisterung und fragte nach näheren Einzelheiten.

»Ich habe ein Budget von tausend Dollar für die Verköstigung«, erklärte er, »und einen Mindestlohn für die Köchin. Das wärst dann du«, fügte er mit einem koboldhaften Grinsen hinzu.

Sollte ich oder sollte ich nicht? Zwei hinreißende Jungen von der Crew waren mitgekommen und ihr spürbarer Ehrgeiz war ansteckend. Ich war kurz davor zuzustimmen, verlockt durch den Spaß der ganzen Sache und die Aussicht auf ein bisschen Extrageld.

»Ist dein Haus groß genug, die ganze Crew zu verköstigen?«, fragte er.

»Mein Haus!« Ich hatte nicht daran gedacht, wo sie verköstigt werden würden.

»Wir drehen die nächsten sechs Tage. Lunch gibt es am Drehort und dann fallen wir da ein, wo immer du das Essen zubereitest«, erklärte er.

Meine Begeisterung schwand zusehends, als ich über die notwendige Logistik wie auch die unvermeidliche Invasion in meine sorgfältig aufgebaute Privatsphäre nachdachte. Da er meinte, mich für sich gewonnen zu haben, rückte er mit weiteren Einzelheiten heraus. »Drei sind Vegetarier, sechs essen keine Mayonnaise, einer ist allergisch gegen Milchzucker, ein anderer gegen Nüsse. Generell gesehen sind sie alle für gesunde Ernährung«, fügte er hinzu, »also solltest du darauf achten, dass es viele Säfte, Joghurt und Salate gibt.«

»Warte mal«, sagte ich, jetzt wirklich verärgert über die ganzen Einschränkungen. »Du sitzt in der Klemme und ich bin zufällig in der Lage, dir da raushelfen zu können. Aber ich habe meine eigenen Bedingungen. Ihr kriegt von mir ganz gewöhnliche Yankee-Kost – Fischsuppen, Fischeintopf, Maispudding und gebackene Bohnen. Diejenigen, die besondere Ernährungswünsche oder -vorschriften haben, müssen selbst für ihre Sachen sorgen. Meine Freundlichkeit hat Grenzen«, gab ich mit einem Lächeln zurück, überrascht, aber zufrieden darüber, dass ich mich gewehrt hatte.

Er dachte kurz nach, offenbar besorgt – nicht meinetwegen, sondern wegen der Zufriedenheit der Crew. Doch was blieb ihm anderes übrig, als meine Bedingungen anzunehmen?

»Okay. Abgemacht. Vielen Dank für deine Hilfe, Joan«, sagte er mit etwas resignierter Erleichterung. »Ich hab ein Kundenkonto bei Farmer's Market eröffnet. Zeichne die Belege mit meinem und mit deinem Namen ab.« Und damit waren sie verschwunden.

Jede Menge Rezepte schossen mir durch den Kopf, während ich über das knappe Budget und die verwöhnten Geschmäcker nachdachte. Tacos mit Bohnen und Reis statt Fleisch würde das erste Essen sein – ein Essen, bei dem sich alle selbst bedienten und für das wenig Kochen, dafür viel Schnippelei nötig war. Andere Gerichte: Pizza, vegetarische Lasagne, Bouillabaisse. Auf dem Weg zum Markt stellte ich eine Liste zusammen: Nudeln, Käse, Salatzutaten, Spaghettisoße, Sauerrahm, Getränke. Getränke! Was sollte ich außer Säften noch mitbringen? Ich entschied mich für Mineralwasser und billigen Wein. Eine Stunde später kam ich mit zwei vollgeladenen Einkaufswagen an die Kasse, hatte Zutaten für vier Abendessen und diverse Mittagessen und nur 492.43 Dollar ausgegeben.

Morgens war es am hektischsten: das Abendessen musste vorbereitet und der Lunch fertig gemacht, für den Transport verpackt und zum Drehort gefahren werden, wo er als kaltes Buffet auf der Ladefläche eines geliehenen Jeeps aufgebaut wurde. Aber meine Belohnung war, Voyeur spielen zu dürfen, Szene nach Szene in mich aufzunehmen, zwei Schauspieler, einen Regisseur, eine Kamerafrau, Licht-, und Tonleute und Bühnenbildner dabei zu beobachten, wie sie ihren Zauber ausübten; manche taten es für wenig mehr als Unterkunft und Verpflegung und aus Liebe zu ihrem Metier. Am meisten verblüffte mich, wie empfindsam ihre Sinne waren, jeder auf seinem eigenen Gebiet, und wie diese Empfindsamkeit ineinander überging, um ein gemeinsames Werk zu schaffen.

Was ist mit meiner Empfindsamkeit? Höre ich wirklich? Sind mir die Subtilitäten des Lichtes wirklich bewusst? Nehme ich Farbe und Form wahr? Vielleicht sollte ich, wenn ich das nächste Mal an den Strand gehe, darauf achten, was ich sehe und höre, so als ob das alles in einem Film verewigt werden würde. Jedenfalls inspirierten mich diese acht Tage, in denen ich Menschen dabei beobachtete, unter die Oberfläche der Dinge und bis in deren Seele vorzudringen, mich stärker mit meiner eigenen Empfindsamkeit auseinanderzusetzen.

Aber darüber hinaus sah ich, wie diese Troubadoure ihren Traum ausleben – wenn auch von der Hand in den Mund, aber immer unterwegs zu ihrem nächsten Job, ohne zu wissen, was sie erwartet, und es trotzdem genießen. Mir tut es nicht leid, dass ich die Theaterwelt vor dreißig Jahren verlassen habe, aber ich bin froh, das Vergnügen daran wiederentdeckt zu haben und zu merken, dass es nie zu spät für Träume ist.

Während ich die Arbeitsplatten abwische und den Müll raustrage, staune ich darüber, dass ich diesen mit Gesellschaft vollgepackten Monat so unbeschadet überstanden habe. Vielleicht liegt es daran, dass ich mich mit der Ebbe und Flut jedes Besuches habe treiben lassen, Geben und Nehmen gleichmäßig verteilt habe, da war, aber mich auch zurückzog, mich wie ein Weberschiffchen durch die Fäden der einzelnen Begegnungen bewegte.

Ich bin nicht mehr darauf erpicht, die großzügige Gastgeberin zu spielen. Aber Familie, gute Freunde und kreative Menschen sind mir willkommen, solange sie nicht in großen Mengen auftauchen und meine Energie es zulässt.

Im Moment bin ich jedoch froh, meine Zeit und mein Haus wieder für mich zu haben. Heute Abend werde ich mir eine Dose Suppe aufmachen und sie voller Zufriedenheit allein verzehren. Ich lerne, mich selbst zu fördern, bin nicht mehr die Dienerin, sondern die Herrin meiner Zeit und meines Schicksals. Es hat alles mit Intention zu tun – zu wissen, wann man die Tür öffnet und wann man sie wieder schließt.

NIEDRIGWASSER

MAI

*Man wird nicht als Frau geboren, man wird dazu
gemacht.*

Simone de Beauvoir

Ich habe mich aufs Muschelgraben verlegt, nicht, weil ich es mit den launischen Frühlingselementen auf der äußeren Sandbank aufnehmen will, sondern weil ich dringend Geld brauche.

Die Krise begann vor ein paar Wochen, als ich ein Spülbecken voll schmutzigen Geschirrs hatte und merkte, dass es kein heißes Wasser gab. Ich ging in den Keller, hoffte, dass nur die Zündflamme ausgegangen war, und trat prompt in bereits zwei Zentimeter hoch stehendes Wasser. Der Klempner bestätigte meine schlimmsten Befürchtungen: ein lecker Heißwasserboiler. Ein neuer würde zwölfhundert Dollar kosten. Es ist mir stets schwer gefallen, um Hilfe zu bitten, aber mir blieb keine andere Wahl. Ich musste meinen schwer errungenen Stolz auf meine Unabhängigkeit schlucken und meinen Mann anrufen.

Es gibt nur wenige Freunde, die ich um etwas bitten kann, weil sie bedingungslos geben, aber mein Mann gehört nicht dazu und schon gar nicht jetzt. »Wenn du bei mir leben würdest, wie geplant, wäre das nicht passiert«, sagte er, als er von dem Problem hörte. »Offenbar hast du den Heißwasserboiler überbeansprucht. Ich hab dir doch gesagt, dass das Cottage nicht richtig winterfest ist.«

»Ich weiß«, sagte ich und verstummte, war kurz vor der Kapitulation, fühlte mich erneut schuldig für all das, was ich nicht tue.

»Hör zu«, fuhr er fort, »wir haben im Moment nicht das Geld dafür. Unsere Vereinbarung war, dass ich die Hypothek für das Cottage abzahle und du den Rest übernimmst. Das Haus, das ich hier für uns *beide* gemietet habe, blutet mich finanziell aus.« Dann fügte er giftig hinzu: »Warum wendest du dich nicht an einen deiner Fischerfreunde? Sie helfen dir doch sonst immer.«

Da klang mehr als ein bisschen Eifersucht durch, was mir

endgültig den Rest gab. Erinnerungen an andere Momente, in denen er mir nicht zu Hilfe geeilt war, schossen mir durch den Kopf – der Beginn einer Fehlgeburt, bei der er mich mit meinen Schmerzen allein gelassen hatte, um an einer Vorstandssitzung teilzunehmen; als er vergessen hatte, die Mitgliedschaft im Automobilclub zu verlängern, obwohl er genau wußte, dass mein altes Auto ständig Pannen hatte; als er einmal am falschen Bahnsteig auf mich gewartet hatte und mich drei Stunden stehen ließ, während mir das Menstruationsblut an den Beinen hinunterlief.

Ich hätte mich treten können, dass ich ihn angerufen hatte, mich an den infantilen Traum klammerte, von ihm gerettet zu werden, Mitleid von ihm erwartete. Aber als er immer neue Ausreden vorbrachte, unterbrach ich ihn einfach. »Lass nur. Mir wird schon was einfallen«, sagte ich und hängte ein, entschlossen, mich nicht kleinkriegen zu lassen.

»Diesen Sturm stehe ich auch noch durch«, murmelte ich, inzwischen trotzig geworden, vor mich hin. Ich mag zwar harmoniebedürftig sein, aber Chaos und Ablehnung, die ja erfüllt sind von Furcht und Hoffnung, erzeugen ein ganz eigenes Hochgefühl. Zumindest bringt Wut mich zum Handeln, was mich wiederum zwingt, kreativ zu sein.

Während ich über meine Möglichkeiten nachdenke, beflügeln mich Geschichten über andere aus meiner Verwandtschaft – starke Frauen, die sich mit weitaus mehr herumschlagen mussten als dem Zahlen von Rechnungen. Meine Großmutter, die ihren treulosen Ehemann nach einem Streit verließ und ihre zwei Babys im Kinderwagen von Brooklyn nach Manhattan schob, um bei einer Tante unterzukriechen; meine Mutter, die ein falsches Alter angab, um eine Anstellung zu bekommen, und an der Wall Street Karriere machte; und eine Tante, deren Vater sie zwang, ein Stipendium von einer guten Universität abzulehnen, weil er meinte, sie würde dort nur in Schwierigkeiten geraten, und die sich seinem Diktum widersetzte und nach Europa ausriss, wo sie tun konnte, was sie wollte.

Ihre Geschichten retten mich davor, mich weiter als Opfer zu fühlen, treiben mich aus dem Cottage und zum Hafen mit einer ganzen Reihe von Arbeitsmöglichkeiten im Kopf. Ich könnte Haken mit Ködern bestücken, denke ich, könnte Köder an den meterlangen Schnüren befestigen, um die Arbeit der Fischer zu erleichtern; ich könnte auch in der Kooperative Fisch auf Eis verpacken oder irgendeinen anderen Job am Hafen finden. Je näher ich dem Hafen komme, desto begieriger werde ich darauf, irgendwas zu tun, vorzugsweise etwas Sinnvolles.

Allein schon die Tatsache, sich auf die Suche zu begeben, setzt etwas in Bewegung, pflegte mein Vater zu sagen, und er sollte Recht behalten. Kaum erreiche ich den Parkplatz, entdecke ich Joshua Cahoon. »Ich kann's nicht glauben«, rufe ich aus dem Autofenster, voller Freude darüber, meinem Freund, dem Muschelfischer, wiederzubegegnen. »Ich hab Sie nicht mehr gesehen, seit der Fischmarkt geschlossen hat. Wie ist es Ihnen ergangen?«

»Nicht schlecht, nicht schlecht«, erwidert er in seiner gedehnten Sprechweise. »Jetzt, wo das Wetter besser wird, fahr ich fast jeden Tag zu den Untiefen hinaus. Und Sie? Dachte, Sie wären längst in die große Stadt zurückgekehrt.«

»Ich doch nicht«, sage ich. »Es war ein guter Winter, nur jetzt wird's schwierig. Ich bin ein bisschen knapp bei Kasse.«

»Sie könnten's ja mal mit Muschelgraben versuchen«, schlägt er vor. »Dazu brauchen Sie nur eine Genehmigung und ich leih Ihnen gerne eine Harke und einen Korb.«

»Was kostet die Genehmigung?«, will ich wissen.

Ich bin entsetzt, als er hundert Dollar sagt. »Aber die haben Sie innerhalb eines Tages wieder raus. Sie müssen nur so an die acht Pfund Muscheln ausgraben. Das schaff ich in zwei Stunden.«

»Kommt mir mächtig viel vor«, sage ich. »Glauben Sie wirklich, ich könnte das?«

»Es gibt jede Menge Frauen, die nach Muscheln graben«, teilt er mir mit. »Man braucht nur den Willen und die seelische Kraft dazu. Und davon scheinen Sie ja genug zu haben«, fügt er mit einem verschmitzten Zwinkern hinzu.

Ich bin verblüfft, nicht nur über seine ungewöhnliche Gesprächigkeit, sondern auch darüber, dass er versucht mein Geldproblem zu lösen.

Und da nirgends ein Schild mit der Aufschrift HILFSKRAFT GESUCHT zu sehen ist, denke ich mir, ich sollte lieber die Chance ergreifen, ähnlich einem Surfer, der sich auf einen Wellenkamm schwingt, um sich ans Ufer tragen zu lassen. Meine Mutter hatte mir immer das alte Sprichwort »Wer nichts wagt, der nichts gewinnt« eingehämmert. Daher entscheide ich mich ohne weitere Diskussion dafür, die Genehmigung zu erwerben und zu beginnen, nach meinem Glück zu graben.

Zwei Wochen sind vergangen. Ich bin jetzt sechs oder sieben Mal draußen in den Untiefen gewesen, schon fast eine erfahrene Muschelgräberin, mit meiner eigenen Harke und einem Messingring zum Messen der Muschelgröße, den ich an einem Lederband um den Hals trage.

Der erste Tag war ein Desaster, mit böigem Wind und schwerem Nebel. Ich machte meine ersten Versuche im Muschelausgraben in dicker Kleidung und einer Öljacke. Ich war nicht nur entmutigt, sondern auch vollkommen zermürbt, als ich nach einer Stunde Arbeit immer noch nichts aufzuweisen hatte.

Joshua kümmerte sich nicht um mich, so sehr war er damit beschäftigt, seine Muscheln auszugraben. Zum Glück bemerkte er irgendwann kurz vor Mittag meine missliche Lage und kam herüber, um mir ein paar Tipps zu geben. »Als Erstes müssen Sie ein bisschen herumstampfen – das bringt die Muscheln zum Spucken, wodurch Löcher im Sand entstehen. Sehen Sie, was ich meine?«, sagte er und zeigte auf all die Löcher, die sich gebildet hatten. »Da drunter sind jede Menge Muscheln.« Innerhalb von Sekunden hatte er mit seiner kurzstieligen Harke eine Muschel nach der anderen zu Tage befördert. »Sie müssen sich vorstellen, wo die Muscheln sein könnten, und sie dann rauslocken. Okay, jetzt sind Sie dran.«

Tief gebückt, als wolle ich beten, stürzte ich mich mit der Harke auf einen Fleck, an dem es vor Luftlöchern wimmelte. Dann hob ich den feuchten Sand aus dem Schlamm hoch – und mit ihm eine Muschel!

»Weiter«, redete Josh mir zu, »noch mal.« Bald darauf hatte ich diverse Sandhaufen aufgeworfen und jedes Mal eine Muschel mit hochgeholt.

»Ich glaube, jetzt haben Sie's«, freute er sich für mich. »In einer Stunde oder so wird es nicht mehr so leicht sein. Ihre Arme und Ihr Rücken werden Ihnen weh tun, aber denken Sie stets an das Geld. Ein Korb voller Muscheln ist fünfzehn bis zwanzig Dollar wert! Setzen Sie sich ein Ziel – ein Eimer wäre prima – und dann halten Sie sich ran.«

Eine schnelle Berechnung an jenem ersten Tag machte mir klar, dass ich so auf keinen grünen Zweig kommen würde. Der Klempner würde nur einen neuen Heißwasserboiler installieren, wenn ich ihm ein Drittel anzahlte. Bei dieser Geschwindigkeit würde ich einem Monat lang jeden Tag arbeiten müssen, um überhaupt die Anzahlung zusammenzubekommen! Ich mußte mindestens zwei Eimer am ersten Tag ausgraben und dann meine Ausbeute jedes Mal kontinuierlich steigern. Verzweifelt begann ich zu graben. Das Anfängerglück war auf meiner Seite. Jedes Mal holte ich eine oder zwei Muscheln heraus. Ich wurde ganz aufgeregt. »Wer nichts wagt, der nichts gewinnt«, wiederholte ich ein ums andere Mal.

Eine Stunde stetiger Arbeit, und ich war erschöpft. Da ich meinen Oberkörper noch nie in dieser Weise eingesetzt hatte, bekam ich Krämpfe in den Armen. Ich zog mich mit einem Sandwich und Kaffee in die Dünen zurück. Josh hatte inzwischen längst seinen ersten Lunch verzehrt – er bringt sich immer drei Lunchpakete mit. »Ich habe im ersten Jahr an die zehn Kilo abgenommen«, sagte er. »Sieht längst nicht so anstrengend aus, wie es ist.«

»Das merke ich gerade«, gab ich knapp zurück, steckte mich auf dem trockenen Dünensand lang aus, die Arme über dem Kopf, darauf bedacht, es mir nicht zu bequem zu machen. Ich musste immer noch anderthalb Eimer füllen.

»Sie sollten sich nicht zu lange ausruhen«, warnte Josh. »Bewegung ist die einzige Möglichkeit, sich warm zu halten.«

Ich rappelte mich hoch und begann herumzustampfen wie ein Indianer bei einem Pow-Wow. Mir wurde ganz schwindelig bei dem Gedanken, dass unter mir Hunderte von Muscheln spucken mussten. Unten auf dem Schlick machte ich mich an die zweite Runde und betete diesmal zum heiligen Antonius, der verlorene Gegenstände wiederfindet, worauf ich auch prompt Erfolg hatte. Es machte süchtig, genau wie Erdnüsse; je mehr ich fand, desto mehr wollte ich finden. Gegen Mitte des Nachmittags hatte ich meinen zweiten Korb voll.

Es dauerte eine Weile, einen langsamen und gleichmäßigen Rhythmus zu finden, aber je mehr ich mich in meiner Rolle als Muschelgräberin wohl fühlte, desto entspannter wurde ich. Josh betrachtet die Untiefen als seinen Arbeitsplatz. Für mich sind sie eher wie eine Kirche. Es hat etwas Spirituelles, wenn ein Stück Sand für einen begrenzten Zeitraum aus dem Wasser auftaucht, dann wieder verschwindet und bei jedem Auftauchen anders ist als zuvor. Ich lerne, mich sowohl der harten Arbeit als auch der Isolation hinzugeben. Wenn ich mich konzentrieren will, singe ich meine Lieblingskirchenlied, was mir erlaubt, auf meinen Geist zu hören und sein Gemurmel aufzuschnappen.

An schlechten Tagen kommt hauptsächlich Selbstverachtung hoch. Im Schlick zu arbeiten bringt mich dazu, mich auf meine dunkle Seite zu konzentrieren, auf all meine Fehler und Unarten, mit denen mein Mann und andere fertig werden mussten. Es deprimiert mich mir vorzustellen, dass meine Suche nach Klarheit während des letzten Jahres möglicherweise nur zu einer weiteren Komplizierung unserer Beziehung geführt, das Ego meines Mannes verletzt und mich von meinen Söhnen entfremdet hat. Aber an sonnigen Tagen, wenn meine Ernte gut ist, bekommt mein Geist Auftrieb. Ich spüre einen Stolz, der aus dem Lösen von Problemen und von harter Arbeit herrührt. Jedes Mal, wenn ich diese unheimliche Ebene erreiche, werde ich etwas weniger von dem, was ich einmal war – diese beherrschende, starrköpfige Person –, und mehr von der spontanen Person, die ich zurückerobern will.

Joan Erikson ist sehr einverstanden mit meinem neuen Job. Sie sagt, dass Arbeit spielerisch sein sollte, da alles andere nur eine Sackgasse ist. »Ich bin froh, dass du aus deinem Kopf heraus und zu deinem Körper findest, meine Liebe. Das ist der Moment, in dem man lernt. Theorie ist keinen Pfifferling wert, wenn man sie nicht in die Praxis umsetzt«, wiederholt sie. Sie hat recht. Ich hatte nicht gewusst, wie sehr ich es genieße, meine Hände zu benutzen. Das Muschelausgraben erinnert mich an das Sandburgenbauen meiner Kinderzeit, wo alles in meiner Griffweite und meinem Blickfeld war. Eine Tätigkeit, die zuerst monoton war, wird allmählich kreativ, je mehr ich mich darauf konzentriere, was vor mir liegt: unzählige Abstufungen von Farbtönen – mauve, schwarz, braun, grau –, eine Welt der Spiegelungen, entstanden durch das schräg einfallende Licht eines bewölkten Himmels auf dem nassen Sand. Ich werde in einen Zen-artigen Zustand versetzt, bin oft nicht mehr die, die ich am Beginn des Tages war.

Ich lerne, dass es nicht so wichtig ist, was ich für meinen Lebensunterhalt tue, sondern wer ich dabei werde. Einfache Arbeit glättet meine Kanten, lehrt mich, mich nicht nach Arbeit zu sehnen, weil sie mich reich oder etwas Besonderes aus mir macht, sondern weil die Arbeit meinen Geist erfreut, mich zu einer angenehmeren Person macht und meine dringenden finanziellen Bedürfnisse abdeckt. In diesen Tagen finde ich Befriedigung darin, Drahtkörbe bis zum Rand mit Muscheln gefüllt zu sehen, drei Viertel davon in einen Ebbetümpel eingetaucht, etwa sechs Stunden, nachdem ich die Untiefen erreicht habe.

Genau so, wie sich das Meer zurückgezogen hat, um uns den Meeresboden darzubieten, so kommt es langsam auch zurück. Zuerst merke ich, wie der trockene Fleck, auf dem ich stehe, matschig wird. Dann beginnt das Wasser von unten hochzudrücken, formt Bächlein, die zu Zuflüssen des mächtigen Ozeans werden. Innerhalb von Minuten wirbelt mir Wasser um die Füße.

»Die Flut kommt«, ruft Josh. Und tatsächlich hat sich sein kleines Bott, das für mehrere Stunden seitlich auf dem Trockenen lag, wieder aufgerichtet und liegt bereit, uns ans Festland zurückzubringen. Ich greife nach meinen Körben und meiner Harke und wate zum Boot, bereit für das Ende des Tages. Meine Tage nach den Gezeiten zu richten hat mir dabei geholfen, mit der frustrierenden Angewohnheit Schluss zu machen, mein Leben zwanghaft einzuteilen und zu manipulieren. Jetzt verstehe ich auch, warum es mich geärgert hat, als eine Nachbarin mir vor einigen Tagen ein paar Forsythienzweige vorbeibrachte. »Etwas, um Ihren Tag aufzuhellen«, sagte sie fröhlich und sprach voller Stolz davon, dass sie die Zweige vor über einem Monat geschnitten und in die Wärme ihres Hauses gebracht hatte, damit die Knospen früher aufblühten. Ich hörte ihr zu und war die ganze Zeit beunruhigt über das, was sie mir erzählte. Das Muschelgraben hat mich gelehrt, dass mir alles zu dem dafür richtigen Zeitpunkt zufällt. Die Dinge zu erzwingen geht gegen den Instinkt und die Elemente. Es ist eine Kunstform, die ich bis zur Perfektion erlernt hatte – erzwungene Gespräche, Gefühle, sogar Orgasmen, Gebete –, doch das ist für mich kein gangbarer Weg mehr. Ich ziehe es zunehmend vor, innerhalb der Gezeiten und der Regeln des Universums zu existieren.

Noch einmal atme ich tief die reine Luft ein und langsam wieder aus, während Josh den Motor anlässt. Umgeben vom Meeresleben, pule ich den Sand unter meinen Fingernägeln hervor, lecke mir das Salz von den Lippen und weiß, weiß wirklich den Wert eines Tages zu schätzen, der noch sichtbarer wird, wenn sich das Geld in meinen Taschen bauscht, bevor es bald darauf in die halb unter meinen Lebensmitteln im Vorratsschrank verborgene alte Kaffeedose gestopft wird.

Mir ist kalt, alles tut mir weh, aber ich bin ganz begierig darauf, den Klempner anzurufen. Die Ernte des heutigen Tages hat meinen Schatz auf über vierhundert Dollar anwachsen lassen. Wenn er mich für morgen einplanen kann, dann kann ich endlich wieder ein heißes Bad nehmen! Bisher musste ich mich mit einem Hummerkochtopf voll Wasser begnügen, den ich morgens auf den Herd stellte und abends in die Wanne kippte. Tigerbalsam und billiger Wein sind die anderen Genüsse, die meinen Körper bis zum nächsten Muschelgraben wieder aufrichten. Ich sehne mich danach, endlich wieder rundum sauber zu sein.

WASSERTRETEN

MEMORIAL DAY

Es ist sehr leicht, in der Welt nach der Meinung der Welt zu leben; es ist leicht, in der Einsamkeit nach der eigenen Meinung zu leben; aber der große Mensch ist der, der mitten im Gewühl mit vollkommener Anmut die Unabhängigkeit des Einsiedlers bewahrt.

Ralph Waldo Emerson,
›Selbstvertrauen‹

Der Memorial Day, an dem die Familie jedes Jahr zusammenkommt, steht kurz bevor. Nachdem die Jungen verheiratet waren, suchten wir ein Wochenende im Jahr für ein Zusammentreffen aus. Dieser frühsommerliche Feiertag war uns allen recht, weil keine Rituale damit verbunden sind und es so nicht zu Schwierigkeiten mit den Schwiegereltern kommt. Ich hatte daran gedacht, in diesem Jahr angesichts meiner angespannten Lage abzusagen, aber ich sehe die Jungen so selten, dass es jedes Mal ein Geschenk ist, egal, was es kostet.

Ich war schon nervös genug, wenn sie aus dem College, von neuen Jobs oder Reisen nach Hause kamen; jeder hatte sich seit dem letzten Zusammensein ein wenig verändert. Wenn man diejenigen, die man liebt, nur unregelmäßig sieht, dauert es seine Zeit, bis man wieder eine echte Verbindung hergestellt hat. Ich verglich das gerne mit dem Einstellen der Stereoanlage, bei der man auf der Suche nach perfekter Harmonie die Knöpfe für die Bässe und Höhen dreht.

Aber ihre Frauen zu begrüßen macht mich noch nervöser, vor allem, da ich mit beiden schon die unvermeidlichen Auseinandersetzungen hatte. Jeder Fauxpas hat mich noch vorsichtiger gemacht. So sehr ich mich mit ihnen auch natürlich geben will, mein Verhalten wirkt doch jedes Mal gezwungen, und ich merke, dass ich mich ihrem Rhythmus und ihren Vorstellungen anpasse.

Als ich den Freundinnen meiner Söhne zum ersten Mal vorgestellt wurde, zeigte sich jede von ihrer besten Seite. Es gab Dankesbriefe nach den Besuchen, kleine Gesten der Anerkennung, sogar Geschenke. Nach dreißig Jahren in einem Männerhaushalt war ich bezaubert von der Vorstellung, nun Frauen um mich zu haben. Aber sobald sie verheiratet waren, fand eine subtile Machtverschiebung statt; ungezwungene Offenheit wurde durch vorsichtige Höflichkeit ersetzt. Bei beiden spürte ich Konkurrenzverhalten, zwei Frauen, die mit demselben Mann zu tun haben. Da ich nicht in den Ruf der klammernden Mutter geraten wollte und mich vor all den schrecklichen Schwiegermutterwitzen fürchtete, zog ich mich zurück. Aber das verstärkte nur noch mein Gefühl, dass sich alles verändert hatte.

»Ich dachte, ich würde eine Tochter hinzugewinnen!«, beklagte ich mich eines Tages bei der Tochter meiner Cousine.

»Das ist unrealistisch«, erwiderte sie. »Wenn ich heirate, warum soll ich mir dann eine weitere Mutter wünschen? Ich habe doch schon eine.«

Das gab mir zu denken. Die Frauen meiner Söhne genießen ihre Selbstständigkeit, brüsten sich sogar damit, und daher habe ich aufgehört, etwas anderes zu sein als eine Unterstützerin, und bin dankbar, an etwas teilzunehmen, wenn sie mich darum bitten. Sie machen es mir leicht mit ihren sorgfältig abgesteckten Grenzen und ihren wohl geordneten Aktivitäten. Aber am Rande ihres Lebens zu stehen erfordert einige Übung von jemandem, der den Großteil seines Lebens damit verbracht hat, unentbehrlich und verantwortlich zu sein.

Früher habe ich nachgebohrt, wollte mehr wissen, als sie zu sagen bereit waren, bis eine der Schwiegertöchter diesem Spiel Einhalt gebot. »Du fragst ständig, was ich bei diesem oder jenem empfinde«, sagte sie fest, aber mit einem gewinnenden Lächeln. »Weißt du denn nicht, dass Empfindungen keine Gedanken sind? Sie sind etwas, worüber man nicht immer sprechen oder was man nicht immer erklären kann. Sie sind einfach nur das, was sie sind – Empfindungen!« Ich konnte nur vermuten, dass sie zu dieser Meinung gekommen war, weil sie Tänzerin ist und Gefühle mit ihrem Körper, nicht mit Worten ausdrückt. Auf jeden Fall halte ich mich jetzt damit zurück, sie nach ihren Gefühlen oder Empfindungen zu fragen, und zeige auch meine nicht.

Trotzdem sehne ich mich danach, meinen Söhnen und ihren Frauen nahe zu sein, und frage mich warum. Meine Freundin

Joan sagt, es sei schwer, das aufzugeben, was einem so viel Freude gemacht hat. »Das ist der Grund, warum du wie auf rohen Eiern gehst und niemanden verletzen oder falsch einschätzen willst«, sagt sie.

»Stimmt«, gab ich zu, als wir über meine Besorgnis wegen des bevorstehenden Familienwochenendes sprachen. »Aber ich will mein Verhalten nicht mehr ständig kontrollieren und mich zu einer Brezel verbiegen.«

»Das wirst du auch nicht«, versicherte sie mir. »Jetzt, wo du das andere kennen gelernt hast, gibt es für dich kein Zurück mehr. Es wird besser laufen denn je, glaub mir. Lass einfach alles, was kommt, durch dich hindurchfließen und dann von dir weg. Jeder ist auf dasselbe aus, weißt du. Man nennt das Nähe. Nur wenn du du selbst bist, hast du die Möglichkeit, Nähe zu erleben.«

Wie dem auch sei, ich hatte kaum Zeit, mir Gedanken zu machen. Gestern habe ich zum letzten Mal Muscheln gegraben und hatte nicht genügend Kraft, mehr zu tun, als das Haus aufzuräumen. Diesmal haben finanzielle Probleme und das tägliche Leben Vorrang vor meiner selbst auferlegten Beklemmung. Ich habe eine Bouillabaisse zum Abendessen gekocht, voll mit selbst ausgegrabenen Sandklaffmuscheln, aber ich zähle darauf, dass die anderen mir bei den weiteren Mahlzeiten helfen. Amüsiert schüttele ich den Kopf bei dem Gedanken an den lächerlichen kulinarischen Aufwand, den ich sonst getrieben habe in dem Bemühen, die perfekte Hausfrau zu sein, was mich letztlich nur müde und reizbar gemacht hat.

Ich schaue auf die Uhr. Noch zwei Stunden bis zu ihrer Ankunft. O Gott, gib mir die Kraft, die Dinge einfach zu genießen! Während ich die blühenden Pflanzen im Innenhof betrachte, die Jahr für Jahr wiederkommen, tue ich mir selbst den Gefallen zu erkennen, dass ich nicht mehr und nicht weniger als eine dieser mehrjährigen Pflanzen bin, die den üppig wuchernden Hintergrund für ihre Familien bildet. Es hat Jahre des Wachsens und Ausweitens gebraucht, um so farbenprächtig und ergiebig zu werden, wie ich es bin. Ich bin keine Treibhauspflanze, die zum Blühen gezwungen wird, sondern eine reife Frau, die allmählich lernt, um was es ihr geht. Es ist nicht nötig, sich Sorgen um die jungen Sämlinge zu machen.

Mein Instinkt rät mir, an dieses Wochenende so heranzugehen, als würde ich Wasser treten, meinen Körper aufrecht zu halten, alles zu beobachten, auf meine Instinkte zu vertrauen, sich auf mich zu konzentrieren, weder in die eine noch in die andere Richtung zu schwimmen. Ich gedenke mehr zuzuhören, weniger zu reden, alles hinzunehmen, was sie mir bieten, und dann, wie die Frau, die ich geworden bin, die reife Frucht dorthin fallen zu lassen, wohin sie fällt.

Mein ältester Sohn trifft zuerst ein. Er ist der Traditionalist, der Enthusiast, derjenige, der den festlichen Ton für das Wochenende bestimmen wird, was den Druck von mir nimmt. Unser jüngerer Sohn und seine Frau kommen als Nächste, nachdem sich die erste Aufregung schon ein wenig gelegt hat, als hätten sie ihre Ankunft abgestimmt, was mir die Möglichkeit gibt, sie alle in Ruhe willkommen zu heißen.

Die Jungen begrüßen sich und beginnen sich zu unterhalten, als wären sie nie voneinander getrennt gewesen. Ich muss an das Probeessen für die Hochzeit unseres älteren Sohnes denken, bei dem er sein Glas erhob und seinem jüngeren Bruder mit einem von seiner Großmutter väterlicherseits entlehnten Spruch zuprostete: »Keine Frau wird sich je zwischen mich und meinen Bruder stellen.« Ich frage mich, ob er sein Versprechen über die Jahre hinweg wird halten können.

Bald darauf trifft auch mein Mann ein, und das stille Cottage erwacht zum Leben wie nach einem Dornröschenschlaf. Dieses Haus, das als Rückzugsort für die Fülle des Lebens benutzt worden ist, kann nicht anders, als von all der guten Energie vergangener Zeiten zu strahlen: Abende, die wir mit Singen oder Scharaden verbrachten, Holzböden, die durch den hereinge- tragenen Sand vieler Füße matt geworden sind, all die salzver- krusteten Menschen, die bei der spätnachmittäglichen Heimkehr an der Außendusche Schlange standen. Es herrscht eine fröhliche Stimmung, die von allen geteilt wird, ähnlich der behaglichen Verbundenheit eines Weihnachtsabends. Es kommt mir richtig vor, meine Isolation aufgegeben zu haben. Mein Hunger nach Familie ist stärker, als ich gedacht hatte.

Mein Mann ist in ungewöhnlich guter Stimmung, große feuchte Augen, Umarmungen für alle, selbst für mich. Ich ziehe mich automatisch aus seiner Umarmung zurück und frage mich dann warum, denn es ist ein gutes Gefühl. Eingeübte Ableh- nung hat keinen Platz mehr in meinem neuen Leben, also hake ich mich bei ihm unter.

Der Austausch zwischen den Jungen und ihrem Vater lässt mich ahnen, dass sie in regelmäßiger Verbindung stehen. Es gibt keinen Zweifel daran, dass die Jungen das Beste in ihm zum Vorschein bringen. Ihre Zuneigung zu ihm ist sichtbarer als ihre Gefühle für mich und er reagiert darauf wie jeder, der geliebt wird. Es tröstet mich, dass er keine Entfremdung zwischen sich und den Jungen hat entstehen lassen. Worüber sie auch geredet haben mögen, es scheint nichts mit mir oder unserer Ehe zu tun gehabt haben. Ich bin überrascht, wie sehr mich das erleichtert.

In einem kleinen Cottage wie diesem gibt es wenig Geheim- nisse und kaum Rückzugsmöglichkeiten, aber ich bin doch ver- blüfft, als mein jüngerer Sohn mit meinem Muschelkorb und der Harke in der Küche auftaucht. »Wer geht hier Muscheln graben? Erzähl mir nicht, dass du das jetzt auch noch machst«, sagt er, bereits peinlich berührt über meinen Job im Fischmarkt.

Die anderen kommen herein, ihre Neugier durch seine Frage geweckt. »Also daher bist du jetzt schon so braun«, sagt einer.

»Na so was, Mom«, witzelt mein älterer Sohn, »was ist denn passiert? Wir wussten ja gar nicht, dass du Muschelgraben als Karriereziel anstreben würdest.«

»Der Heißwasserboiler ist kaputtgegangen«, gestehe ich. »Muschelgraben war eine Möglichkeit, schnell zu Geld zu kommen.«

»Aber was ist mit deinen Rückenschmerzen?«, fragt eine der Schwiegertöchter. »Wie bist du damit fertig geworden?«

»Die Arbeit hat meine Muskeln gestärkt«, erwidere ich. »Außerdem setzt man hauptsächlich den Oberkörper ein.«

Ich habe den Eindruck, dass meine Söhne mich als alt und verbraucht betrachten. Sie sehen mich hauptsächlich in der Rolle der Mutter, nicht als Joan, den Menschen. Während ich hier stehe und ihre Fragen beantworte, empfinde ich eine gewisse Selbstgefälligkeit, sogar Triumph. Ich bin stolz darauf, als jemand betrachtet zu werden, der seinen Teil beiträgt.

Mein Mann, der an der Spüle steht und ein Glas Wein trinkt, hat mit nachdenklichem Gesichtsausdruck aufmerksam zugehört. Er sagt nichts, aber als er meinen Blick auffängt, prostet er mir zu.

Allmählich beginnt dieser ganz gewöhnliche Tag zu strahlen und das Wochenende nimmt seinen Lauf. Der Vorhang öffnet sich, das Schauspiel fängt an – drei volle Tage, wie ein Stück mit drei Akten, das nie wieder in derselben Form aufgeführt werden wird. Alle scheinen eine gewisse Erwartung zu haben – die Schwiegertöchter, weil sie noch nie länger zusammen waren; die Brüder, verbunden durch Blutsbande, aber verändert durch ihre Lebensumstände; die Eltern, gezeichnet durch ihre Trennung, stärker geworden durch Einsamkeit. Alle wirken hoffnungsvoll, allein durch das Ritual des Wochenendes angeregt. Meine Scheu wird weiter abgeschwächt, als mir eine der Schwiegertöchter ein Geschenk überreicht, ein handgemaltes Schild mit der Aufschrift TRADITION. Ich hänge es an die Küchenwand und weiß, dass mein Wunsch, uns jedes Jahr zusammenzubringen, richtig ist, daß wir auf undefinierbare Weise miteinander verbunden sind. Ihre Geste lässt mich wieder atmen, stetig und gleichmäßig.

Als ob das Cottage nicht ausreichte uns zusammenzubringen, spielt auch noch das Wetter mit, ist warm für diese Jahreszeit und schenkt uns einen Strandtag. Wir wären sicherlich auch mit Nebel und Regen fertig geworden, aber draußen unter dem weiten Himmel zu sein, mit dem Rauschen des Wassers und des Windes, das garantiert Spaß, Ausgelassenheit und Freiheit.

»Welcher Strand?«, fragen die Jungen, da ich jetzt die Einheimische bin. Ich entscheide mich für South Beach, durch einen Sturm entstanden und genau richtig für uns. Als die Jungen klein waren, wild und laut, zog ich die großen Strände vor, weil ich darauf zählte, dass das Meer ihren Lärm und ihre Unbändigkeit aufsaugen würde.

Wir zwängen uns in den Volvo, mein Mann winkt mich zu sich auf den Vordersitz, und mich überkommt ein Déjà-vu-Gefühl, all diese Jahre, in denen wir zum Strand gefahren sind, das Auto vollgeladen mit Essen, Getränken, Bällen und Schlägern und vor allem der Ungeduld, ans Meer zu kommen und den ganzen Tag dort zu bleiben.

Wir wählen den Schutz einer Düne und packen unsere Sachen aus, direkt neben einer Kolonie von Flussuferläufern, die sich durch unsere Anwesenheit offenbar nicht gestört fühlen. Nach einiger Zeit steht erst der eine von uns auf, dann der andere, und jeder tut, was ihm gefällt. Die eine Schwiegertochter jagt einen weißen Reiher, wie ein Kind einen Drachen jagen würde, die andere sucht Schneckenmuscheln am Strand. »Je zerbrochener, desto besser«, sagt sie, »weil man dann bis ins Innerste hineinsehen kann.«

Gegen Mittag entledigen wir uns der Handtücher und

Decken, die wir gegen die Morgenkühle umgelegt hatten, und damit auch unserer Ambitionen und Ansprüche. Das Verhalten wird freier, je mehr wir unter den Bann dieses Ortes fallen. Das Geschenk eines solchen Tages ist das Versinken in einer nahtlosen Welt ununterbrochener Zeit, wo die endlosen Stunden etwas aus dem Nichts heraus wachsen lassen.

Ich beobachte alles wie durch den Sucher einer Filmkamera, schwenke von einem Ausschnitt zum anderen. Wahrheiten, die einst geheim gehalten wurden, schlüpfen heraus. Ähnlichkeiten und Verschiedenheiten werden gute Kameraden an diesem einfachen Ort, wo Gewalt und Frieden Hand in Hand gehen.

Ich höre, wie mein Mann von seiner Wut und Lethargie erzählt, die er jetzt in einer Therapie aufarbeitet; der eine Sohn gibt zu, dass er sich am Arbeitsplatz zum Narren gemacht hat; der andere gesteht Schwierigkeiten in seiner Ehe ein. Es gefällt mir, daß sie nicht nur Gutes miteinander teilen, sondern auch Schlechtes. Männer reden selten miteinander, wie es Frauen tun. Obwohl meine Söhne Feministen sind, haben wir sie zu männlichem Verhalten erzogen. Dadurch sind sie zurückhaltend darin, fürchte ich, von ihren Problemen zu sprechen, wollen nur über ihre Erfolge berichten, was es um so schwieriger macht, sie als Erwachsene richtig kennen zu lernen.

Als junge Braut schrieb ich meinen Eltern Briefe voller Lügen, mit denen ich nicht nur sie, sondern auch mich davon überzeugen wollte, dass ich glücklich war. Mir geht auf, dass ich meine Kinder auch weiterhin weniger kennen werde, wenn sie meinen, ich würde von ihnen erwarten, mehr zu sein. Nach Perfektion zu streben ist schrecklich, wenn es einen der Wahrheit beraubt. Ich frage mich, ob der Hauptgrund für Einsamkeit nicht Rollenspiel und Vorsicht sind.

Es dauert nicht lange, da schwimmen die Jungen im kalten Frühjahrsmeer, nicht weil ihre Vorfahren Seemänner waren und sie am Meer aufgewachsen sind, sondern weil sie sich gegenseitig herausgefordert haben. Ich sitze fröstelnd da, weiß ich doch, wie eiskalt das Wasser ist, und staune über die Herrlichkeit ihrer Jugend, da rennt auch mein Mann zu ihnen ins Wasser. Minuten später wirft eine Welle die drei an den Strand, und die Jungen wälzen sich in einer Kuhle mit warmem, weichen Sand. Falls in einem von uns auch nur das kleinste bisschen Spannung zurückgeblieben ist, dann ist sie jetzt verflogen.

In Momenten wie diesem frage ich mich, wie ich dazu komme, gerade diese Kinder zu haben. Sind sie das, was ich erwartet hatte? Bin ich ausschließlich verantwortlich für das, was sie geworden sind? Der eine ist Lehrer, der andere Schauspieler. Ich bange um seine finanzielle Sicherheit und sorge mich darum, dass dem Lehrer die Arbeit langweilig werden könnte. Ich weiß, dass ich sie beide verwöhnt und unterdrückt habe, zu ihren Neurosen beigetragen, ihre Empfindsamkeit gefördert und die Grenzen ihrer Gutwilligkeit überschritten habe. Doch trotz all ihrer kleinen Schwächen bin ich nach wie vor bezaubert von ihrem Wesen, ihren individuellen Leben und schrecklich neugierig auf alles, was ich nicht von ihnen weiß, besonders auf ihr Zusammenleben mit ihren Frauen, die sich auf einem Sandhaufen niedergelassen haben.

Sie formen eine Meerjungfrau, graben eifrig und bekommen Hilfe von ihren Männern. Mein Mann und ich entfernen uns von ihnen unter dem Vorwand, Jakobsmuscheln für den Schwanz der Meerjungfrau zu suchen, aber eigentlich wollen wir ein bisschen Zeit für uns haben. Wir sind zwei Menschen, die in diesem Jahr Schritte zur Selbstständigkeit unternommen haben, und wir müssen uns darüber austauschen, wohin wir steuern.

Er scheint die Familie zu genießen wie nie zuvor; da er sich für einige Zeit zurückgezogen hat wie ein Bär zum Winterschlaf, wirkt er jetzt begierig darauf, alles wiederzuentdecken. Ich merke, dass ich mit jemandem am Strand entlangwandere, der wie ein alter Freund für mich ist. Wir gehen auf dem festen Sand am Rande der Brandung, wo die Wellen immer wieder über unsere Füße schwappen und den Sand abwaschen.

Ich bin zu der Überzeugung gekommen, dass Liebe dann geschieht, wenn man es will. Es ist eine Intention, kein zufälliges Ereignis. Nur wenn man offen ist, Liebe zu empfangen und in sich aufzunehmen, kann sie einem begegnen.

»Weißt du, ich glaube allmählich, dass wirkliches Wachsen erst beginnt, nachdem wir all die Dinge getan haben, die von uns erwartet werden«, sage ich.

»Wie was?« fragt er.

»Arbeiten, eine Familie gründen, Kinder großziehen und so – all das hält einen von seinem wirklichen Selbst, der Person, die man zurückgelassen hat, fern.«

»Und . . .?«, fragt er, wartet auf weitere Erklärungen.

»Ich will nie fertig werden. Jetzt, wo ich endlich das wirkliche Leben sehe . . . seine Formlosigkeit . . .«

Er versteht das Konzept des Unvollendeten nicht, betrachtet es auch nicht als positiv. Ein Teil von ihm möchte fertig sein, weg von seinem langweiligen Job und der Notwendigkeit, seinen wöchentlichen Gehaltsscheck einzukassieren. Er möchte das hinter sich haben. Und doch, was sollte er ohne diese Zielvorgabe anfangen? Diese Frage ängstigt ihn.

»Wir sind so veränderlich wie die Uferlinie dieses Strandes«, erkläre ich ihm. »Ist das nicht aufregend? Bis jetzt haben wir all das getan, was die anderen von uns erwarteten, und jetzt sind wir dran. Ich hoffe, dass ich mich permanent verändere, solange ich lebe.« Während ich noch spreche, merke ich, dass meine Worte vielleicht in taube Ohren fallen. Wir haben beide keine Ahnung, wohin wir uns bewegen. Nie waren wir uns unserer Zukunft so unsicher wie jetzt. Und doch ist es erregend, nicht zu wissen, was auf uns zukommt, genau wie die beiden jungen Paare, die wir gerade verlassen haben. Wie klar ist denn ihre Zukunft?

Er bleibt stehen und ich sehe ihn an. Tränen laufen ihm über die Wangen. Das Auftauen einer Beziehung ist harte Arbeit. Ich finde es bemerkenswert, dass unsere Zeit im Frühjahr gekommen ist, wo alles erwacht. Mir geht auf, dass nichts jemals wirklich zu Ende ist. Am Meer zu sein, hat mich das gelehrt.

»Schau«, sage ich und breche das Schweigen, »ich weiß nur, dass ich den größten Teil dieses Jahres damit verbracht habe, all die Regeln zu verlernen, die Bedingungen und Ziele, die mir von anderen vorgeschrieben wurden. Ich bin endlich erwachsen genug, um mich selbst wiederzuentdecken – die Person, die ich von Geburt an sein sollte.«

Er greift nach meiner Hand; wir gehen zu den anderen zurück und sammeln im Gehen Jakobsmuscheln auf. Es ist einer jener Spaziergänge, nach denen man weiß, dass sich etwas verändert hat.

Als wir näher kommen, sehen wir, dass sie sich in hektischer Eile bemühen, ihr Kunstwerk noch vor Auflaufen der Flut zu beenden. Genau wie wir die verschiedenen Teile zusammentragen, um die perfekte Meerjungfrau zu schaffen, so müssen wir Zeit dafür aufwenden, sorgfältig die Teile unseres eigenen Lebens wieder zusammenzufügen. Ein Künstler hat endlose Möglichkeiten, wenn er mit Sand und Wasser arbeitet. Dasselbe gilt für die menschliche Skulptur. Wir sind genau so formbar wie die Meerjungfrau im Sand – unvollendete Männer und Frauen, die neue Geschöpfe aus ihrem alten Selbst machen.

Ich genieße die Leidenschaft, die in dieser Familie überschäumt, wenn wir alle zusammenarbeiten. »Ein vitales Leben dreht sich um Aktivität«, erklärt mir Joan Erikson. »Man kann keine Wärme empfinden, wenn man sie nicht selbst erzeugt, kein Entzücken spüren, wenn man nicht spielt, keinen Spürsinn entwickeln, wenn man nichts riskiert.« Ich versuche, etwas von der Spontaneität des Strandes mit zurück ins Cottage zu nehmen und in mein tägliches Leben einzubeziehen.

Vielleicht hat das Entzücken, das ich jetzt empfinde, etwas mit der Zurschaustellung der Verschiedenheit zu tun, in der sich zwei Generationen von Männern und Frauen entwickeln, verändern und wachsen. Plötzlich scheint die Frage, wie wir uns alle verändern, unwichtig zu sein. Großartig ist vor allem die Tatsache, dass wir alle auf unbekannte Ziele zustreben. Obwohl ich das Wesen meiner Söhne sehe, wird es stets eine Überraschung sein, was aus ihnen wird. Meine Aufgabe ist es, jede Überraschung zu begrüßen als sei sie ein Geburtstagspaket, und das unvollendete Gebilde unserer Lebensgeschichten zu geniessen, während es sich entwickelt.

Die Jungen schimpfen mich ständig wegen meiner Angewohnheiten aus. Angeblich bin ich zu neugierig, laut und ungehörig. Und was nicht sonst noch alles. Auch ich erkenne Charakteristiken und Verhaltensweisen an ihnen und ihren Frauen, die der Berichtigung bedürften. Aber was sie so interessant macht, ist ihre Unvollkommenheit. Sie sind vollkommen in ihrer Unvollkommenheit! Kann das sein?

Obwohl der rosige Schein des Spätnachmittags uns zum Bleiben verlockt, wird die Sonne bald untergehen, und es ist Zeit, unsere Sachen einzusammeln. Da wir bei hoher Flut angekommen sind, unter dem Donnern des Meeres, und beobachtet haben, wie das Wasser mit der Ebbe wieder ablief und nun bei erneut auflaufendem Wasser zum Abmarsch bereit sind, fühle ich mich ganz erfüllt. Den vollständigen Kreislauf der Gezeiten zu erleben heißt, Zeuge von Veränderung zu sein, das Vergehen der Zeit zu beobachten. Dabei spüre ich das Ziehen und Schieben des Universums.

Wir haben das Essen erst lange nach neun Uhr auf dem Tisch. Ich sage »wir«, wobei die beiden jungen Frauen diese Pflicht übernommen haben und ich nur als Hilfsköchin fungiere. Die eine zaubert eine Soße aus mehreren Dosen Tomatenmark, Estragon und Sahne, während die andere einen Salat mit Avocados,

Grapefruit und ihrer berühmten Himbeervinaigrette zubereitet. Gemeinsam ein Essen zu kochen kann wie ein Ballett sein, wo jeder den Ideen des anderen nachgibt. Das Haar in der Suppe ist eine Frau, die darauf besteht, dass gewisse Dinge nur auf eine einzige Art zubereitet werden können – nämlich ihre. Zu reagieren statt zu kontrollieren bietet mir Verbindung.

Es gibt keinen Nachtisch, die Kerzen sind heruntergebrannt, die letzte Flasche Wein ist entkorkt, herzhaftes Gähnen ersetzt die lebhafte Unterhaltung. Jemand hat einmal gesagt, dass ein guter Ehemann das Werk einer guten Mutter ist. Also rechne ich es mir für den Moment als Verdienst an, wie die Jungen geworden sind, besonders in ihrem ernsthaften Bemühen darum, gute Ehemänner zu sein.

Wenn ich mich um die Weihnachtszeit nach Zufriedenheit gesehnt habe, dann erlebe ich sie jetzt. Sich um den Tisch zu versammeln, miteinander das Brot zu brechen, bietet denen, die daran teilnehmen, etwas Heiliges. Im Moment bin ich für kurze Zeit durch den simplen Akt des Lebens befreit. Ich sehe die Seitenblicke, die sich die jungen Paare zuwerfen, wenn das eine oder andere gesagt wird, und genieße es, dass sie mit ihrer Zuneigung füreinander nicht hinter dem Berg halten. Früher war ich neidisch auf junge Liebe, aber heute sonne ich mich in ihrer Wärme.

Und dann steht mein Mann auf, um einen Trinkspruch auszubringen:

»Auf unsere Frauen und unsere Liebsten.
Mögen unsere Liebsten bald unsere Frauen sein
und unsere Frauen stets unsere Liebsten bleiben.«

Ich lausche mit meinem Herzen und werde daran erinnert, dass einiges am Verhalten meiner Söhne das ihres Vaters zum Vorbild gehabt haben muss.

SICHERER HAFEN

ENDE JUNI

Wenn es die Aufgabe der Frau ist zu geben, dann muss sie auch wieder bekommen.

Anne Morrow Lindbergh,
›Muscheln in meiner Hand‹

Es ist früher Morgen, die Luft ist schwer und feucht, ein Wetter, das nicht dazu angetan ist, Leichtigkeit zu empfinden. Trotzdem springe ich beim Klang des ersten Vogelgezwitschers aus dem Bett und gehe auf Zehenspitzen nach unten, um eine Thermoskanne Kaffee zuzubereiten. Mein ältester Sohn und seine Frau fahren erst heute ab, sie sind länger als die anderen geblieben, um noch Zeit mit mir zu verbringen, bevor sie zu einer Fahrradtour nach Asien aufbrechen.

Verschlafen tauchen sie kurz vor der Morgendämmerung auf und ich begleite sie zu ihrem vollgestopften kleinen Dodge, auf dessen Dach die Fahrräder festgeschnallt sind, umarme sie, halte meinen Sohn noch ein bisschen länger fest. Dann winke ich ihnen wie die Frau eines Kapitäns tapfer nach, ein Lächeln im Gesicht und einen Klumpen im Hals. Ich will sie ja nicht an mich binden, habe mich nur noch nicht ganz an die Unvermeidlichkeit gewöhnt, dass Kinder groß werden und so weit weg gehen. Ich habe die Angewohnheit, letzte Momente auszudehnen in der Hoffnung, einen unauslöschlichen Eindruck zu schaffen, nicht nur von dem Bild, sondern auch von dem, was wir empfanden. Abschiede hinterlassen in mir gewöhnlich eine emotionale Leere, aber diesmal nicht.

Die Tränen sind weniger geworden, weil mir vielleicht langsam klar wird, dass die beiden nicht mir gehören. Sie gehören einander, sind ihre »eigene kleine Nation«, wie ich mir sage und sie mir dabei zusammengekuschelt in ihrem Zelt nahe eines Reisfeldes vorstelle. Sie halten ihr Schicksal selbst in der Hand. Ich kann ihnen nur eine glückliche Reise wünschen. Es ist eine bittersüße Realität, aber ich verstehe allmählich, dass Liebe nur blühen kann, wenn man das richtige Maß an Zärtlichkeit mit einer langen Leine verbindet.

Es war schön, sie hier zu haben, aber ich bin erstaunt, wie begierig ich darauf bin, meine Einsamkeit wiederzuerlangen. Trotz all dem Spaß, den wir miteinander hatten, kann man nicht ständig feiern. Ich würde mir das auch nicht wünschen, denn alle Freude und aller Spaß sind nicht vollkommen mühelos. Obwohl ich mein Verhalten nicht kontrollieren wollte, habe ich es doch getan, auf mein Benehmen geachtet, meinen Mund gehalten und keine Kritik geäußert.

Trotzdem empfinde ich eine Leere, nicht, weil sie alle gegangen sind, sondern weil sie zu einem ausgefüllten Leben zurückkehren. Es war auch seltsam, mich von meinem Mann zu verabschieden, als ginge er nur auf eine Geschäftsreise, wo er in Wirklichkeit in seine eigene Welt zurückkehrt, wenn er auch mehr als einmal seine Pensionierung erwähnte und in seine Unterhaltungen großzügig »wir« und »uns« einstreute. Da wir wieder Verbindung zueinander aufzunehmen schienen, wollte ich die momentane Nähe nicht mit Fragen über die Zukunft strapazieren. Aber es fehlte etwas, da war nach wie vor eine Distanz, die sich nicht verleugnen ließ.

Ich frage mich jetzt, ob es etwas damit zu tun hat, dass wir nicht miteinander geschlafen haben. Nicht, dass ich das unbedingt gewollt hätte, aber es beunruhigte mich, dass es offenbar noch nicht mal als Möglichkeit in Frage kam. In letzter Zeit bin ich von sexuellen Gedanken wie besessen, sehne mich danach, dass dieser Teil meines Lebens wiederhergestellt wird, zucke bei Liebesszenen in Filmen zusammen und wende mich ab, wenn ich Liebespaare sehe. Ich habe mich sogar gefragt, was wohl zwischen meinen Söhnen und ihren Frauen nachts hinter den geschlossenen Türen vorging.

Und doch hat Sex in Wahrheit nie sehr weit oben auf meiner Prioritätenliste gestanden. Zu meinen, ich möchte etwas haben, ist weit davon entfernt, es tatsächlich zu genießen. Der Mythos, der in dieser Kultur um den Sex existiert, verlangt von uns, dass wir Sex wollen, dass wir unnormal oder unterdrückt sind, wenn wir ihn nicht haben, also komme ich mir wie eine Außenseiterin vor.

Vielleicht wollte ich nichts mehr davon wissen, weil ich keinen Spaß daran hatte. Miteinander zu schlafen schien in Ordnung, solange ich mir damit einen Ehemann einfing, und sogar noch besser, als ich Kinder haben wollte. Aber danach wurde es zu einer Aufgabe – einer Pflicht, die man zu erfüllen hatte, nachdem das Geschirr gespült und die Kinder zu Bett gebracht worden waren. Dem Mann zu Gefallen zu sein war das, was eine gute Ehefrau einfach tun musste, so war es mir beigebracht worden.

Jetzt, hundert Jahre später, wie es mir vorkommt, stehe ich hier und frage mich, was mir entgangen ist. Viele meiner Freundinnen haben mir anvertraut, dass sie erleichtert sind, dieser »Pflicht« nicht mehr nachkommen zu müssen. Eine hörte mit dem Sex auf, weil es ihrem Mann nicht gelang, ihn zu personalisieren; für ihn schien jedes Schlüsselloch gut genug zu sein. Eine andere konnte das Prusten und Schniefen ihres Mannes nicht ertragen. Und wieder eine andere hatte die Nase voll von dem, was ihr Mann sich unter Romantik vorstellte: neben ihr im Bett zu liegen, sich die flotten Schwimmerinnen in ›Sports Illustrated‹ anzuschauen, während er an sich herumfummelte, und zu erwarten, dass sie das erregte.

Irgendwann bringt mich die Trauer und das schlechte Gewissen darüber, keinen Sex zu haben, noch zur Raserei. Warum lasse ich mein zu Eis erstarrtes Herz nicht schmelzen und mache einfach weiter? Im schlimmsten Fall ist es vielleicht nicht anders als zuvor. Doch wo es mir jetzt gelungen ist, etwas von meinem ursprünglichen Selbst wiederzufinden, wer weiß? Was wäre, wenn ich meinem Körper erlauben würde, die Leidenschaft zu spüren, die mein Geist empfindet? Oder wenn ich wie die Chinesen regelmäßigen Sex als wichtig für gute Gesundheit und Langlebigkeit betrachten würde? Wären das Gründe genug, mein Verlangen zu befriedigen?

Tja, was sollen all diese Spekulationen, wenn da niemand ist, mit dem ich schlafen kann. Vielleicht ist es aber auch ein Schritt zu einer Lösung, sich mit diesen Tatsachen auseinanderzusetzen. Heute ist Sommersonnenwende, eine bedeutsame Zeit für Veränderung, und da mir mehr Tageslicht zur Verfügung steht, als ich das ganze Jahr haben werde, sollte ich die Stunden besser nutzen.

Neben mir steht mein Fahrrad mit seinen dicken Reifen und der rostigen Kette, ein Arbeitstier, das mich zur Post und zum Einkaufen trägt. Vielleicht wird eine lange Fahrt meine rastlosen Gedanken stillen und mich aus meiner Melancholie befreien. Ich werde eine symbolische Tour daraus machen, je weiter, desto besser, zu Ehren der noch viel längeren meiner Kinder.

Ich radle durch den Wald, unseren Feldweg entlang und komme schließlich auf die gepflasterte Straße. Als kleines Mädchen bin ich gern ohne jedes Ziel losgefahren – voller Verwunderung und Erwartung, mit fliegenden Haaren wie jetzt. Mein Rad führt mich, wird zu einer Verlängerung meines Körpers, versetzt mich zurück in der Zeit.

Ich fahre die Lovers Lane entlang. Sie ist mit wilden Rosen und Kornblumen überwuchert. Auf einer nahen Wiese blüht lilafarbener Klee. Allmählich gehen alle Farben, Gerüche, Schatten, Senken und Ausbuchtungen ineinander über und laden zur Entdeckung ein. Ich bin auf einer zweispurigen, kaum befahrenen Straße, die quer über das Cape führt. Sie bringt mich weiter ins Land hinein, weg vom Ferienverkehr an der Küste, vorbei an Mooren voller Preiselbeeren, kleinen Teichen und Krüppelkiefernwäldern. Jetzt wird mir klar, warum meine Schwiegertochter das Fahrrad jedem anderen Fahrzeug vorzieht: »Dir entgeht nichts, wenn du mit drei Kilometern pro Stunde fährst«, sagt sie. »Selbst der kleinste Grashalm kann deine Aufmerksamkeit gefangen nehmen.« Für mich ist es im Moment der Geruch von Wachsmyrte, Geißblatt und Kiefernharz.

Meine Zunge berührt meine salzige Oberlippe. Ich bin erstaunt darüber, wie gut der Schweiß schmeckt. All dieses Bewegen, Strecken und Atmen bringt meine Gedanken mit meinen Körpergefühlen zusammen. Ich stelle mir vor, wie es wäre, eine lange Radtour mit meinem Mann zu machen. Was würde geschehen, wenn wir so voneinander abhängig wären, wie unser Sohn und seine Frau es sein werden? Wir waren es einmal, als wir jung verheiratet waren und in Afrika lebten. Vielleicht haben wir so lange durchgehalten, weil wir damals lernten, voneinander abhängig zu sein.

Ich höre auf zu denken und trete fester in die Pedale, um auf einen Hügel zu gelangen. Auf der Kuppe nehme ich die Füße von den Pedalen, rase die andere Seite hinunter, komme auf dem sandigen Randstreifen ins Schlittern und bremse vor einer Methodistenkirche, wo ein Schild verkündet: DAS GEGENTEIL VON LIEBE IST GLEICHGÜLTIGKEIT. Die Botschaft ist beklemmend, verletzt mich sogar. Ich steige vom Rad und setze mich auf den Rasen, der noch feucht vom Morgentau ist und süß duftet. Schweiß läuft mir über den Rücken, rinnt zwischen meinen Schulterblättern herab. Ich greife nach meiner Wasserflasche und nehme ein paar kräftige Schlucke, bevor ich meine Knie ans Kinn ziehe und schaukelnd gegen eine leichte Zerrung im Rücken angehe. Ich erhole mich immer noch von einer Stunde anstrengenden Fahrens, aber ich wende mich trotzdem noch einmal dem Schild zu und denke über das Wort ›Gleichgültigkeit« nach.

Sind mir mein Mann und meine Ehe gleichgültig geworden? Ich hasse den Gedanken. Es bedeutet Teilnahmslosigkeit, kaum Gefühle zu haben, kalt und abweisend zu sein. Bin ich das? Ich hoffe nicht. Vielleicht waren wir zwei müde Seelen, die nur noch Kraft zur Trägheit hatten, sich beide verschlossen und ihre Gefühle für sich behielten.

Aber während des Memorial-Day-Wochenendes waren wir alles andere als gleichgültig, hatten angenehme Gespräche, tauschten wissende Blicke aus, sahen Humor in unserem Leben. Vielleicht war die Trennung das Vernünftigste für zwei verwirrte Menschen wie uns und fiel zufällig mit der Menopause zusammen – hm, Men-o-pause, eine Pause von den Männern. Vielleicht sollten alle Frauen in langwährenden Beziehungen so etwas in Erwägung ziehen. Primitive Gesellschaften bestehen darauf, weil sie wissen, dass sich eine Frau regenerieren muss, ähnlich einem Seestern, dem ein neuer Arm wächst, oder einem sich häutenden Hummer, der größer und stärker wird in seinem neuen Panzer.

Wenn ich mir so viele Gedanken über Gleichgültigkeit mache, muss das bedeuten, dass mir immer noch etwas daran liegt. Vielleicht war ich mal gleichgültig, aber jetzt nicht mehr, weder ihm noch unserer Ehe oder irgendeinen anderen Aspekt meines Lebens gegenüber. Es ist nicht so, dass ich ihn nicht wieder zu Hause haben will. Ich will es aber nur, wenn es willentlich geschieht, nicht aus reiner Bequemlichkeit. Wenn wir eine gemeinsame Zukunft haben sollen, dann nur durch Zusammenarbeit, wo jeder zum Inhalt des Stückes und zur Bühnenregie beiträgt. Ich habe kein Interesse mehr daran, für den dritten Akt unseres Lebens alleinige Produzentin und Regisseurin zu sein.

Das Glockenspiel des Kirchturms unterbricht meine Gedanken mit einem melodiösen morgendlichen Konzert, eine vertraute Melodie:

»Morgenlicht leuchtet, rein wie am Anfang.
Frühlied der Amsel, Schöpferlob klingt.
Dank für die Lieder, Dank für den Morgen,
Dank für das Wort, dem beides entspringt.«

Ich singe mit, meine Stimmung hebt sich, und ich muss daran denken, wie meine Lieblingspastorin mir das Beten beigebracht hat oder eher das Sammeln meiner Gedanken: »Sprich erst eine Lobpreisung aus«, sagte sie, »dann eine Danksagung. Darauf ein Bittgebet, in dem du darum bittest, dass deine Bedürfnisse erfüllt werden, und schließe damit, dass du dich ganz dem göttlichen Willen überlässt.« Ich habe herausgefunden, dass meist, sobald ich den ersten Teil beendet habe, der Anlass für mein Gebet in den Hintergrund getreten ist.

Das kleine Konzert geht in das Geläut der Kirchturmglocke über, die zehn Uhr schlägt. Der Tag ist noch jung und ich habe das Verlustgefühl abgeschüttelt und fühle mich neu wie der Morgen.

Was soll ich als Nächstes machen? Da ich allein bin und niemandes Zustimmung einholen muss, ist der Himmel die Grenze. Ich springe wieder aufs Fahrrad und schlage den Fahrradweg ein, der mich weiter vom Touristenverkehr weg und tiefer ins Innere von Cape Cod bringt. Nostalgie wirkt wie ein Magnet und zieht mich acht Kilometer nach Norden zu meiner Belohnung – ein Gemischtwarenladen, der schon so lange existiert, wie ich denken kann. Ich stelle mein Rad in einen überfüllen Fahrradständer und humple zur Vorderveranda, auf der dieselben Männer, die im Winter um den dickbauchigen Ofen des Ladens hocken, jetzt auf alten Kirchenbänken sitzen, aus schier bodenlosen Tassen Kaffee trinken, die Welt an sich vorbeiziehen lassen und sich unterhalten.

Drinnen setze ich mich auf eine Milchkiste neben den Zeitungen, direkt unter dem sich drehenden Deckenventilator. Der Luftzug und die Ablenkung durch zwei kleine Kinder, die mit großen Augen die Bonbons für zehn Cent und Gläser mit billigem Spielzeug betrachten, lassen mich vergessen, dass ich erhitzt und verschwitzt bin. Man kann seine Post hier abholen, Briefmarken kaufen, Anschläge für kommende Veranstaltungen lesen, Obst, Gemüse, frisch gemachte Erdnussbutter, Gewürze grammweise, eingemachtes Gelee einer Hausfrau aus dem Ort, selbstgebackenes Brot und Muffins von einer anderen und alles, was man sonst so braucht, kaufen – Öl für die Petroleumlampen, robuste Töpferwaren, eben sämtliche Haushaltswaren. Der Laden führt nur jeweils einen Artikel von einer Marke, nicht zwanzig verschiedene Marken, was einem die Auswahl erleichtert. Nichts ist hier kompliziert oder übertrieben, alles nur praktisch und freundlich. Hier verweilt man gern, weil es der Mikrokosmos eines kleinen Ortes ist; ja, der Gemischtwarenladen ist der Ort, zusammen mit mehreren Kirchen an den nächstgelegenen Ecken. Während ich hier sitze und das alles in mich aufnehme, denke ich, wie wenig man braucht, um zurechtzukommen, wie einfach das Leben wirklich sein kann, wie erfreulich es ist, nur an das Notwendige zu denken und den Luxus zu vergessen. Erst jetzt wird mir klar, dass es genau das ist, was ich will – hier ist mein Zuhause. Hier gehöre ich her, auf das Cape, und hier muss ich bleiben. Die Kinder mögen in weit entfernte Gegenden ziehen und mein Mann hat vielleicht andere Vorstellungen, aber ich finde nur hier Zufriedenheit.

Nachdem ich mir eine Limonade gekauft habe, mache ich mich auf den Rückweg, fahre diesmal gemütlich, ohne alle Eile. Windspiele, ein Geschenk von meinen Kindern, begrüßen mich bei meiner Heimkehr, zusammen mit einer Spüle voll dreckigen Geschirrs vom gestrigen Abend, schmutzigen Bettüchern, die sich im hinteren Flur türmen, und diversen Arbeitern auf meinem Dach!

»Heh, was macht ihr Jungs da oben?«

»Wir reparieren eine undichte Stelle und ersetzen dann die Hälfte der Schindeln«, erwidert einer von ihnen, verwirrt über meine Frage.

»Seid ihr sicher, dass ihr das richtige Haus erwischt habt?«, frage ich. »Ich habe keinen Auftrag dazu gegeben.«

»Tja, aber Ihr Mann . . . Hat uns vor zwei Wochen angerufen. Nachdem wir hier fertig sind, sollen wir den Speicher isolieren und dann streichen.«

Inzwischen völlig verwirrt, gehe ich ans Telefon und wähle seine Nummer. »Was soll das mit den Arbeitern auf dem Dach?« frage ich meinen Mann, kaum dass ich Hallo gesagt habe.

»O prima«, antwortet er. »Ich bin froh, dass sie gekommen sind. Sie wussten nicht, wann sie uns einschieben konnten.«

»Uns einschieben? Was soll das?«

»Ich dachte, du würdest dich freuen«, sagt er, erstaunt über die Schärfe in meiner Stimme.

»Tja, das tu ich wohl auch, aber du hättest mir was davon sagen können. Außerdem ist dein Interesse an diesem Haus eine gewaltige Kehrtwendung nach der Sache mit dem Heißwasserboiler. Wie kommt's?«

»Wir müssen das Cottage instand halten«, sagt er. »Es bedeutet allen so viel, sogar den Jungs.«

Die Überzeugung, mit der er das sagt, ist offensichtlich nicht ohne Hintergedanken. Dann murmelt er etwas davon, dass er in uns investieren möchte.

Ich bin mir nicht sicher, ob mir das gefällt, was ich da höre, aber trotzdem, jetzt ist es auf dem Tisch. Er erwägt zurückzukommen, hier zu leben, mit mir zusammen zu sein. Leicht benommen berichte ich ihm von der Abfahrt unseres Sohnes und verabschiede mich dann. Einen Augenblick lang stehe ich mit dem Hörer in der Hand da. Tausend Gedanken schießen mir durch den Kopf. Wann gedenkt er zurückzukommen? Was will er hier machen? Wie stellt er sich vor, dass wir uns beide hier ein Leben aufbauen – zusammen ein neues erschaffen? Was will ich wirklich? Doch plötzlich merke ich, dass ich das gar nicht mehr wissen will. Im Moment reicht es mir, dass das Cottage instand gesetzt wird, vor allem, da ich ja gerade beschlossen habe, hier zu bleiben. Es war ein langer Tag. Jetzt möchte ich nur noch diesen herrlichen Sonnenwendtag lobpreisen und es der Zukunft überlassen sich zu entwickeln.

WILD UND SALZIG

AUGUST

Wenn du es wagen kannst, dich irgendwann am Tag zu verirren, könntest du auf Tore stoßen, die dich zu deinen Tiefen führen.

Anonym

Ich habe gelernt, auf meine Instinkte zu hören und zu merken, wenn mich etwas beunruhigt – das Steinchen aus dem Schuh zu nehmen, bevor ich Blasen bekomme, den Hühnerknochen aus der Kehle zu entfernen – kurz gesagt, auf meine Gefühle und Emotionen zu achten und danach zu handeln, statt vor ihnen davonzulaufen. Das ist der Grund, warum ich mich am frühen Dienstagmorgen per Boot zur äußeren Sandbank fahren lasse, wo ich über Nacht bleiben will, um ein letztes Mal ganz allein mit mir zu sein.

Das Gerede meines Mannes über Pensionierung und Aussöhnung hat mich zweifellos erschreckt. Da ich das letzte Jahr damit verbracht habe, zwischen Ehe und Unabhängigkeit hin und her zu pendeln, hielt ich es für vernünftig, eine Bestandsaufnahme meiner Wünsche und Absichten zu machen, bevor ich in etwas einwillige, auf das ich nicht gefasst war. Vierundzwanzig Stunden auf diesem wilden Stückchen Land zu verbringen, schien mir die beste Medizin – wild und salzig – für meine Beklemmungen zu sein: ein Ort, an dem ich ganz gegenwärtig bleiben würde, mein geistiges Rüstzeug aufpolieren konnte und dann zurückkehren würde, voller Befriedigung darüber, daß meine hart erkämpfte Unabhängigkeit noch intakt ist.

Das Boot fährt jetzt schneller. Ich lehne mich an meinen zuverlässigen alten Schlafsack und den Rucksack, Überbleibsel schwierigerer Erfahrungen: ein Treck durch die Anden und eine Wanderung zum Boden des Grand Canyon, beides befriedigende Abenteuer, bei denen mein Wille und mein Durchhaltevermögen getestet wurden, doch da ich sie zusammen mit anderen unternahm, war es kein Test für meine Unabhängigkeit. Dieses Abenteuer ist nicht so dramatisch und hat nichts mit meilenweiten Wanderungen oder dem Erklimmen von Berggipfeln zu tun, aber ich werde vollkommen allein mit der Natur sein und erwarte daher, dass es eine viel tiefer greifende Erfahrung sein wird.

Die zwanzigminütige Fahrt vergeht schnell und wir biegen bald in eine kleine Bucht, wo ich an Land gehen kann. Ich klettere über den Bootsrand, wate mit meinem Schlafsack und meinem Zelt ans Ufer und kehre dann nochmal zum Boot zurück, um Verpflegung, Wasser und andere Ausrüstungsgegenstände zu holen.

»Bis morgen, am späten Vormittag«, sagt der Kapitän, wendet das Boot und fügt dann warnend hinzu: »Denken Sie daran, nächtliche Rettungsaktionen stehen nicht auf meinem Programm. Ich hoffe, das Wetter hält.« Damit braust er los, das Dröhnen des Motors wird leiser, das letzte Getöse des Alltags verklingt.

Ich bleibe noch stehen, meine Füße sinken tiefer in den Schlamm und eine vertraute Furcht überkommt mich, nicht allzu schlimm, aber eine nagende Besorgnis, die immer in mir aufsteigt, wenn ich in einer Situation allein gelassen werde, besonders einer, auf der ich dickköpfig bestanden habe, trotz der Warnungen wohlmeinender Freunde.

»Haben Sie keine Angst davor, dass Ihnen etwas passieren könnte?«, fragte eine besorgte Nachbarin, als sie sah, wie ich den Kofferraum meines Wagens belud.

»Darauf hoffe ich doch sehr«, erwiderte ich abwehrend. »Das ist ja der Zweck der Übung.«

Schade, dass uns das Leben lehrt, so vorsichtig und wachsam zu sein, dachte ich, als ich wegfuhr, aber jetzt, beim Umschauen in dieser öden Wildnis, frage ich mich, ob sie etwas weiß, von dem ich keine Ahnung habe. Das Wetter wird sich bestimmt ändern – schließlich haben wir Hurrikan-Saison –, aber nicht in den nächsten achtundvierzig Stunden. Wegen dieser Voraussagen war ich gezwungen, den Ausflug jetzt zu unternehmen, aber ich nutze damit gleichzeitig den Vorteil des Vollmondes.

Sanfte Wellen schwappen über die Spitzen meiner Gummistiefel, erinnern mich damit nicht nur daran, dass die Flut kommt, sondern auch an meine unmittelbare Aufgabe – meine Ausrüstung auf höher gelegenes Gelände zu bringen. Ich entdecke ein großes Stück Treibholz, einen alten Baumstamm, von dem die Äste nach allen Seiten abstehen, und verstaue meine Sachen dahinter. Dann verschaffe ich mir einen Überblick über dieses friedliche Fleckchen. Ich passe meine Atmung dem tiefen Dröhnen des Meeres an, das im Moment ruhig und gelassen wirkt, und gehe los, um einen Zeltplatz zu finden. Während ich eine Düne hinauf und eine andere hinunter stapfe, behindern mich meine Gummistiefel in dem weichen Sand, aber beides zusammen übt seinen Zauber aus und bringt mich dazu, auf Zeitlupe umzuschalten.

Mein Blick wird von einer Senke angezogen, dann von einer anderen, bis ich schließlich eine vollkommen kahle Stelle auswähle, auf deren Boden kein frisches Dünengras wächst und die von drei Seiten mit schützenden, hohen Sandhügeln umgeben ist, der ideale Platz für mein Igluzelt.

In wenig mehr als einer Stunde habe ich alles aufgebaut. Meine Stimmung ist von Panik in Friedlichkeit umgeschlagen – die Ängste fallen ab, zusammen mit den Kopfschmerzen, die Muskeln entspannen sich, alle komplizierten Gedanken verfliegen. Als ich mich an den Rand einer nahe gelegenen Düne setze, wirkt sich das Schwappen des Wassers und das Rauschen des Windes noch beruhigender auf mich aus.

Direkt vor mir entdecke ich etwas Bemerkenswertes: ein perfekter Kreis im Sand, entstanden durch einen Strandgrashalm, der vom Wind bewegt wird. Der Kreis sieht aus wie mit dem Zirkel geschlagen. Junges Strandgras ist ein wahres Wunder. Ich kann mir vorstellen, wie schwierig es für das Gras war, sich hier so tief zu verwurzeln, zum größten Teil unsichtbar, um Stürme, wehenden Sand und ungestüme Wellen zu überdauern. Vielleicht ist das ein Zeichen für mich, sogar für meine Ehe, in der ich einen vollen Kreis geschlagen habe, all meine Sinne eingesetzt habe wie ein Strandgrasbüschel, um mein Zentrum zu finden. Ich fühle mich so still und sicher wie die Achse eines Rades, sowohl in wie auch außerhalb der Beziehung, will nicht mehr in das Schicksal eingreifen, sondern im Zentrum bleiben, während die Elemente ihre Arbeit tun.

Ein Ort wie dieser, wo Kampf mehr an der Tagesordnung ist als Friede, wo Unbeständigkeit regiert und alles Leben ständiger Veränderung und Auslöschung unterworfen ist, kann machtvolle Botschaften vermitteln. Ich fühle mich dieser Umgebung verwandt, denn auch ich habe mich verändert.

Ich bin begierig darauf herumzuwandern, mich zu strecken, dieses von Wellen umgebene Paradies zu erkunden, seine Stimmungen und Zeiteinteilung kennen zu lernen. Von der geschützten Seite der Sandbank aus schlendere ich am Ufer entlang bis zur Spitze, wo das rauhere Wasser auf das sanftere der Bucht trifft. Meine Füße müssen mit der auflaufenden Flut Schritt halten, die meine Spuren fast so schnell wegspült, wie sie entstanden sind. Mir gefällt die Vorstellung, an einem Ort Zuflucht zu finden, an dem meine Bewegungen zu einem unlösbaren Rätsel werden, ohne irgendwelche Spuren zu hinterlassen.

Die Vorstellung, ohne jede Erklärung hinauszuschlüpfen und Geheimnisse zu haben, ist zu einem meiner Hauptanliegen während meines Jahres am Meer geworden. Bald werde ich gezwungen sein, meine tägliche Routine einem anderen erklären zu müssen. »Es wird mir fehlen, keine Geheimnisse mehr zu haben«, sagte ich neulich zu Joan.

»Ah, aber du musst immer einen Teil von dir zurückhalten, der niemanden etwas angeht. Wenn du anderen deine Geheimnisse enthüllst, verlierst du etwas von deiner Stärke.«

Hier, wo so viel mehr verborgen als sichtbar ist, werde ich daran erinnert, dass Friede ein Begleiter des Geheimnisvollen ist; dass Erwartungen geweckt werden, je weniger man weiß und je mehr man sich fragt. Ich habe mir angewöhnt, auf das unablässige Suchen zu verzichten und stattdessen über Antworten zu stolpern. Wie Picasso sagte: »Ich finde, ich suche nicht.« Da ich nicht länger verzweifelt jedes Ergebnis wissen will, neige ich dieser Tage dazu abzuwarten, was kommt, eine sehr viel befriedigendere Seinsform, der es an Genauigkeit mangelt und die Erfahrung über Analyse setzt.

Ich stapfe weiter, habe das Gefühl, dass mir jemand folgt, ein verrückter Gedanke hier draußen, aber trotzdem spüre ich etwas lauern. Das einzige Wesen, dass mir hier folgen könnte, ist ein Fuchs oder ein Kojote, die sich beide vor Menschen verstecken, statt sie zu jagen. Trotzdem höre ich seltsame Geräusche, spüre sogar Vibrationen und sehe nach ein paar Minuten, was es ist, aber nicht an Land, sondern im Wasser. Eine Parade von Seehunden, die von ihrer Sandbank gespült wurde, hat sich für ihr tägliches Training ins Wasser begeben, schwimmt neben mir her und hat bis gerade eben Verstecken gespielt. Jetzt schaut mich einer neugierig an und ich bleibe stehen und halte seinen Blick fest.

»Hallo da draußen«, sage ich mit einem breiten Lächeln, versuche ein Gespräch mit den Seehunden zu führen, während ich sie weiter beobachte. »Ihr Burschen habt mich dazu gebracht, alle möglichen verrückten Dinge zu tun, seit wir uns zum ersten Mal begegnet sind«, sage ich. »Ich bin tatsächlich ein bisschen verrückt geworden.«

Daraufhin tauchen sie alle unter, kommen knappe fünfzig Meter weiter wieder hoch, schauen zu mir zurück, als wollten sie sagen: »Komm mit.«

Ich passe mich ihrem Tempo an, achte nur noch auf sie, fühle mich von ihrer Gesellschaft geehrt und merke, dass ich mich im Rhythmus ihres Auf- und Untertauchens bewege und auf ihre Impulse reagiere. Ich ertappe mich dabei, dass ich dem keltischen Mythos zu glauben beginne, der besagt, in den dunklen Tümpeln eines Seehundauges seien Geister, die zu bestimmten Menschen sprechen würden.

Die Seehunde haben mich damals im Oktober zweifellos angerührt, haben mich mit ihren Eskapaden gedrängt, spielerischer zu sein, verletzlich und frei, haben mich veranlasst, nach dem zu suchen, was in meinem Leben fehlt. Jetzt geht mir auf, dass sie mir einen neuen Weg gewiesen, mich verändert haben. Tränen laufen mir über die Wangen und erinnern mich einmal mehr daran, wie ungemein lebendig ich jetzt bin.

Wir nähern uns der Spitze der Insel, wo das ruhige Wasser der Bucht und der weite Ozean aufeinander prallen und die Gischt hoch aufspritzt. Wellen kräuseln sich zu beiden Seiten der Spitze, schwappen hoch, krachen herunter, gischten auf, erzeugen gewundene Kanäle. Die Brandung zischt durch die glänzenden Steine, die an den Strand gespült werden, und ich staune über das Wunder ihres Hierseins, stelle mir die großen Berge vor, von denen sie einst ein Teil gewesen sein müssen, bin mir ihrer Veränderung von Land zu Meeresboden zu Küste bewusst.

Ich sitze da, die Hand voller Sand, lasse die Körner langsam durch meine Finger rinnen, sehe in ihnen meine grenzenlose Zukunft, ein gewaltiger Unterschied zu der Zeit vor ein paar Monaten, als ich gelangweilt war, die Stunden zählte und auf das Stundenglas starrte, das das Leben in vorgeschriebenen Zeitabläufen maß. Ich gehe nicht mehr einfach nur durch die Welt, sondern grabe tief und halte die Augenblicke fest. Zeit ist eine seltsame Sache. Jetzt, wo ich in das Leben versunken bin, wird die Zeit stets knapp, doch das war, bevor ich lernte, einen Augenblick zu einer Stunde auszudehnen und während eines Tages viele Höhepunkte zu schaffen. Nie erkannte ich die Möglichkeiten und Versprechungen, die vierundzwanzig Stunden einem wirklich bieten.

Die schaumgekrönten Wellen tanzen wie ein zerzaustes Ballett über die Oberfläche des Meeres, spucken, zischen, treten den ganzen Weg, verhalten sich ganz ähnlich wie die Frau, die ich allmählich werde, unzufrieden, bevor ich nicht die Felsen belecke, den Strand hinaufschlittere und alles in Sichtweite überspüle. Wenn man das Meer bei auflaufender Flut erwischt, dann nimmt man eine Kraft wahr, die ihre Stärke aus Ebbe und Flut bezieht und einen den Wert des Auffüllens und Entleerens lehrt.

Die Flut dieses Nachmittags bietet mir eine ständig veränderte Untermalung an abstrakten Mustern, geschmückt mit Muscheln, Steinen und Geröll. Der Strand ist zu einer Leinwand geworden, auf der ein Künstler eine Collage geschaffen hat, nur um seine Meinung zu ändern, bevor die Farbe trocknet, und stattdessen mit dem Heranrollen jeder neuen Welle ein überlappendes Bild zu entwerfen. Auch ich habe über die Jahre meinem eigentlichen Rahmen Schicht auf Schicht hinzugefügt, mich den Forderungen einer Gesellschaft angepasst, den Idealen einer Mutter, meine Persönlichkeit entworfen und wieder neu entworfen und kratze jetzt endlich die überflüssige Farbe ab, um einen Blick auf das ursprüngliche Selbst zu werfen.

Ich kann mich so glücklich schätzen, eine Freundin wie Joan zu haben, die meinen Fortschritten aus dem Hintergrund Beifall spendet, mir zu erkennen hilft, dass jedes Stadium, in dem ich mich befinde, mein Projekt sein sollte – dass Empfangen und Reagieren das wahre »Gezeitenverhalten« sind, dass alles, was ans Ufer geschwemmt wird, begrüßt, aufgenommen, gesiebt und festgehalten werden sollte. Wenn ich daran denke, wieder mit jemandem zusammenzuleben, muss ich bereit sein, unsere Verschiedenheit zu akzeptieren und unsere Ähnlichkeiten zu feiern, muss unser neues Selbst auftauchen sehen und mich an dem freuen, was an meinen »Strand« gespült wird.

Für Menschen, die ihre Unabhängigkeit neu gefunden haben, scheint die Akzeptanz des anderen das Schwierigste zu sein. Diese Stärke muss ich mir aneignen, oder ich riskiere, mich für den Rest meines Lebens von Ebbe und Flut zu entfremden. Wie die Gezeiten, die nach ihrem Willen kommen und gehen, nicht nach unserem, müssen wir, die wir am Meer leben, unser

Schwimmen und unsere Spaziergänge nach den Gesetzen des Meeres richten. Genau so sollte es mit Menschen sein, die sich in und durch unser Leben bewegen.

Rasch wird dieser warme Tag zu einem kühlen Abend. Es wird Zeit, zu meinem provisorischen Zufluchtsort zurückzukehren und auf dem Weg Treibholz für das abendliche Feuer zu sammeln. Ich spüre, wie ich zögere, die Leidenschaft der dröhnenden Brandung zu verlassen, obwohl ich weiß, dass man nicht allein von starken Gefühlen leben kann. Ich gehe über den Mittelteil meiner Insel, der einzige Ort, der Zeichen von Dauerhaftigkeit zeigt und wo ich vermutlich die größte Chance habe, trockenes Holz zu finden. Es dauert ein bisschen, bis sich meine Augen an das Miteinander von Licht und Schatten gewöhnen und ich die ersten Zweige, verwitterte Bretter, kleine, halb unter Dünengras und gelbem Sand vergrabene Scheite entdecke. Meine Aufgabe wird mir erleichtert, als ich die verdrehten Überreste eines Windschutzes finde, dünne, durch Draht miteinander verbundene Latten, die mir genug Holz für mehrere Feuer liefern. Vollbepackt stolpere ich zu meinem Zeltplatz, froh, die Ladung fallen zu lassen, sacke mit Käse und einem Glas Wein auf meinem Dünensitz zusammen und schaue zu, wie der Tag in die Nacht übergeht.

Es war klug von mir, hauptsächlich fertiges Essen mitzubringen – gebratenes Hühnchen, rohes Gemüse, Brot. Wer will schon kochen, wenn man dadurch den Sonnenuntergang verpasst? Ich habe mir nie so recht die Zeit genommen, das Wunder eines Sonnenuntergangs zu betrachten oder den Übergang in die Nacht. Die Sonne, die gerade verschwunden ist, hat den Himmel golden, rosa, orange und purpur bemalt, bevor er zu einem melancholischen Blau verblasst, das zu tieferen Dämmerungstönen wird. Alles ist sehr still und ich trinke auf mich, eine Frau, die ihr Innerstes nach außen gekehrt hat und nicht länger glücklich werden will, weil sie es endlich ist.

Mein erster Impuls ist, in meinem Rucksack nach der Taschenlampe zu kramen, damit ich lesen und meine Erlebnisse in meinem Tagebuch festhalten kann. Aber dann sehe ich den Mond sein sanftes weißes Licht anknipsen und überlasse mich der Neuheit des natürlichen Lichtes, lasse meine Abhängigkeit vom Sehen für diesen einen Abend zugunsten meiner anderen Sinne fallen, wobei mir Joans Stimme ins Bewusstsein dringt: »Um die Sinne lebendig zu halten, muss man sie benutzen.«

In dem Moment setzt die Hintergrundmusik von schwappenden Wellen, Möwenflügeln und dem Knacken und Knistern brennenden Holzes ein.

Ich ziehe meine Knie an die Brust, lege meine Arme darum und nehme das süße, duftende Aroma von Treibholz in mich auf, von dem Sonne, Salz und Meer weggebrannt werden. Der Wind lässt Funken fliegen, die hierhin und dorthin schießen wie Glühwürmchen. Ich bin wie hypnotisiert von den Flammen, sehe das Brennen des Kampfes, den Tanz der Lebendigkeit und weiß, dass ich auf das Feuer achten muss. Ich möchte nicht, dass sich die Leidenschaft meiner neu gefundenen Lebensweise abkühlt. Die Fülle, die ich empfinde, kann nur aufrecht erhalten werden, wenn ich den Elementen nahe bleibe – Feuer, Luft, Wasser, Erde. Wenn ich mich mit ihnen umgebe, werde ich stets das Pulsieren meiner Seele spüren.

In dieser leuchtenden Nacht, wo kein Fleck am Himmel ungenutzt bleibt, mag ich nicht zu Bett gehen, möchte unter dem gestirnten Himmel verweilen. Ich wickle mich in meinen Schlafsack und lege mich hin, verschmelze mit dem weichen Sand, während mich das Murmeln des Meeres wie eine Mutter tröstet. Stunden später werde ich von einem kalten Wind geweckt und bin gezwungen, mich wie eine Schnecke in mein kleines Zelt zurückzuziehen.

Die Helligkeit der Morgensonne erschreckt mich. Mir ist, als hätte ich gerade noch im Mondlicht gebadet. Ich habe keine Ahnung, wie spät es ist, da ich meine Uhr auf dem Festland gelassen habe. Den zwitschernden Vögeln und dem orangenen Sonnenball nach, der gerade aufsteigen will, müsste es ungefähr fünf Uhr dreißig sein. Ich krieche aus dem Zelt und zünde rasch ein Feuer an. Während ich darauf warte, dass das Wasser kocht, hocke ich mich nahe ans Feuer in der Hoffnung, die nächtliche Feuchtigkeit in meinen Kleidern zu trocknen. Bald darauf nehme ich den ersten, köstlichen Schluck heißen Kaffees, während die Seehunde nach ihrem Frühstück tauchen und die Möwen darauf warten, ob ich bereit bin, ihnen den einen oder anderen Brocken hinzuwerfen.

Ich bin vollkommen zufrieden, gelassen in meinem Alleinsein, heiter. Joan hat mir mal erzählt, der Wortstamm von »allein« sei »alles eins«. Genau das empfinde ich jetzt, dieses Gefühl der Ganzheit. Zum Frieden dieses Morgens trägt auch noch eine Ebbebucht bei, aus der in den letzten vierundzwanzig Stunden dreimal eine Sandbank aufgetaucht ist. Sie lockt mich zur Erkundung. Zuerst zögere ich, der Gedanke an das kalte Wasser lässt mich schaudern, aber dann höre ich wieder die Worte des alten Navajo: »Höre auf den Geist, wenn er zu dir spricht, oder er geht einfach weiter und du verpasst seinen Ausspruch – den Augenblick, in dem du etwas hättest tun können.«

Ich stelle meinen Kaffeebecher in den Sand, ziehe mich bis auf Slip und T-Shirt aus, wate hinaus, suche nach Erhöhungen und schaffe es, für eine Weile nur knöcheltief im Wasser zu sein. Dann trügt mich mein Blick und ich versinke bis zu den Oberschenkeln. Macht nichts. Schlimmstenfalls bin ich gezwungen zu schwimmen. Ganz erpicht auf das, was diese Oase zu bieten hat, dränge ich weiter, schiebe mit den Schenkeln das Wasser beiseite, bis ich die Sandbank erreiche, deren Oberfläche eine Schatzkiste an Seesternen und Seeigeln ist, Meeresgetier, das von

Regeneration und Ewigkeit zeugt. Ich gehe weit hinaus bis in die Mitte der Bucht, träume von Möglichkeiten, nehme den Augenblick in mich auf, den Charme dieser vergänglichen Welt, die mich erleben lässt, was es heisst, zeitgebunden zu sein. Man muss einen solchen Ort im genau richtigen Augenblick finden, sonst verpasst man ihn völlig, denn sobald die Sandbank auftaucht, beginnt sie auch schon wieder zu verschwinden.

Während ich auf dieser Insel stehe, spüre ich die ständige Bewegung der Dinge – der Gezeiten, Vögel, Seehunde, Fische, der Küstenlinie, sogar mir selbst. Mir will scheinen, dass die Aufgabe einer unvollendeten Frau darin besteht, ihr Leben als ein Werk im Entstehen zu betrachten und jedem Stadium, jeder Entwicklung, jedem Erlebnis zu gestatten, ihrer Seele Weisheit zuzuführen.

Als ich schließlich kehrtmache, um zum anderen Ende der Sandbank zu gehen, sehe ich, dass das Wasser sie bereits zur Hälfte bedeckt. Jetzt bleibt mir nichts mehr übrig, als zum Ufer zu schwimmen. Ich schlüpfe aus meinem Slip und dem T-Shirt mit der Aufschrift SO SIEHT MAN MIT 50 AUS und werfe sie einfach nach hinten auf die Sandbank. Dann tauche ich ins Wasser und gleite so weit, wie mein Atem es zulässt.

Nackt, wie ich bin, kann ich mich ganz dem Wasser überlassen. Ich drehe mich auf den Rücken, lasse mich von der Strömung treiben und beobachte einen Schwarm silbriger Elritzen, die über und unter mir vorbeischießen. Mein Körper fühlt sich gut an, ohne all die übliche Rüstung. Ich lasse meine Hände seitlich an ihm hinuntergleiten, werde von den sanften Wellen gewiegt wie in einem Bett, ein urtümlicher Moment, der mich über meine Grenzen hinaus sehen lässt. Da ich mich ganz meinen Gedanken überlassen habe, merke ich nicht, dass die Strömung stärker wird, mich vom Ufer wegzieht. Ich schwimme mit kräftigen Zügen, werde schneller, bin aber immer noch ganz entspannt. Als sich Schenkel an Schenkel reibt, spüre ich eine neues Vertrauen in meinen Körper.

Vielleicht sind Sinnlichkeit und Sexualität nichts anderes als eine Einstellung dem Leben gegenüber. Könnte es sein, dass der Prozess der Entfaltung so vielen von uns entgeht, weil, wie meine Lieblingsautorin Nancy Mais sagt, »die meisten Frauen ihre Genitalien so tragen, als steckten sie in einem versiegelten Umschlag«? Möglicherweise sollte nicht ein Mann uns öffnen; stattdessen sollten wir es selbst tun und dann genießen, was darauf folgt, mit oder ohne Mann. Es wird sowieso Zeit, mich nicht mehr auf Romantik zu verlassen. Als wollte sie meine Gedanken bestätigen, versetzt mir eine Welle einen Schubs, dann noch einen, während das Meer mich hochhebt und näher und näher ans Ufer trägt.

Ich tauche aus dem Meer auf, nackt und mir meiner selbst kaum bewusst, und stehe am Ufer, wo die Sonne meinen Körper trocknet und meine Brüste bräunt, die nie das Tageslicht gesehen haben. Ich komme mir wie Aphrodite vor, deren Lebenslust und Entzücken am Sinnlichen zum Kern ihres Wesens wurden. »Nimm deinen Traum bei der Hand und schwimme mit ihm«, sagt mir Joan immer wieder. »Lass ihn treiben.«

In der Ferne sehe ich mein T-Shirt wegtreiben, und mit ihm alle Beschränkungen, die das Alter und die Lebensstadien einem auferlegen. Auf halber Strecke zur Hundertjährigen fühle ich mich unbesiegbar, bereit für ein neues Leben. Ich gehe zurück zu meinem Lager, ziehe Shorts und ein Sweatshirt an, froh darüber, dass ich schon vorher zusammengepackt habe, um den Morgen genießen zu können.

Als plötzlich drohende schwarze Wolken über dem Meer aufziehen und der Wind auffrischt, höre ich wie auf ein Stichwort den Motor eines Bootes in der Ferne.

Ich schleppe meine Ausrüstung in die kleine Bucht, klettere an Bord, fühle mich halb wie eine Meerjungfrau, halb wie ein Seehund und weiß, dass etwas Unabänderliches geschehen ist und meine innere Ruhe von regelmäßigen Ausflügen in die Wildnis abhängig. Ich verspreche mir, nie zu vergessen, nach dem Unvorstellbaren zu streben.

Wir kommen an mehreren Seehunden vorbei, die gerade ihre Jungen säugen, und ich winke ihnen dankbar zu, weil sie mir geholfen haben, meine grundlegende Existenz wiederzuerlangen. Einfache Dinge werden mir helfen, sie zu erhalten. Ich muss jeden Tag ein bisschen leben, die Sonne begrüßen, wenn sie aufgeht, und ihren Untergang genießen, nackt schwimmen, Kaffee und Wein am Meeresufer trinken, neue Ideen entwickeln, mich selbst bewundern, mit den Tieren reden, meditieren, lachen, Abenteuer wagen. Ich muss versuchen weich zu sein, nicht hart; flüssig, nicht erstarrt; zärtlich, nicht kalt; eher zu finden als zu suchen. Das Meer hat mich umarmt, mich mit seinen Elementen geprüft, die Angst hinausgewaschen, mich mit frischen Gedanken versorgt. Dabei habe ich mich selbst wiederentdeckt.

Einen Ehemann zu umarmen und eine Beziehung wieder aufzubauen sollte daher ein Leichtes sein.

HEIMATHAFEN

SEPTEMBER

Wenn man lange allein gelebt hat, möchte man wieder unter Menschen leben, zu dem Ort zurückkehren, an dem die Verbindung abgebrochen ist, wo die Besorgnis des Todes und nun auch der Geschichte ihren Feuerschein über die Gesichter flackern läßt ...

Galway Kinnel,
›When one has lived a long time alone‹

An Labor Day geht es im Fischmarkt zu wie auf dem Grand-Central-Bahnhof zur Stoßzeit. Ein ständiger Strom von Sommergästen holt zum Transport verpackte Hummer, Jakobsmuscheln und Schwertfisch ab, damit sie etwas vom Cape mit nach Hause nehmen können. Ihre Gesichter sind traurig, weil niemand dem Sommer den Rücken kehren möchte. Einige verweilen, um über ihre Pläne für den Herbst zu plaudern, andere haben keine Zeit zum Reden, sind bereits in hektischer Aufbruchsstimmung, und einige wenige wollen wissen, was denn mit uns – den Einheimischen – geschieht, nachdem sie abgefahren sind.

»Wie ist es denn so, hier das ganze Jahr über zu leben?«, fragt eine, als ich ihren Kabeljau in Eis packe und Blaufischpastete in den Ecken der Transportkiste verstaue.

»Sehr ruhig, muss man sagen, aber man kann eine Menge unternehmen«, erwidere ich.

»Was denn?« hakt sie nach, als wolle sie glauben, dass ihr Vorortleben viel besser ist als das Leben hier.

»Die Strände und Fahrradwege sind leer, man braucht in Restaurants nicht zu warten, in den Museen und Büchereien wird vieles geboten. Es kann sogar recht hektisch werden, wenn einem der Sinn nach so etwas steht.«

Sie verlässt das Geschäft mit einem skeptischen Ausdruck im Gesicht, während ich die Ladentheke abwische und innerlich froh bin, nicht zu viel gesagt zu haben, weil ich die Freuden des Winters geheim halten möchte, damit wir nicht überrannt werden.

»Ich lege Ihnen ein Schwertfischsteak aufs Eis«, sagt der Besitzer und zeigt mir ein herrliches Stück. »Dachte, Sie würden Ihren Mann gern in großem Stil zu Hause willkommen heißen.«

Ich bin verblüfft. Er verschenkt im Allgemeinen keinen Fisch, schon gar nicht Schwertfisch für 12 Dollar 95 das Pfund. »Ich freue mich schon darauf, ihn kennen zu lernen«, fügt er hinzu, »nur um zu sehen, ob es wirklich stimmt, dass Sie einen Mann haben und all das.«

Die Zeit verfliegt, der heutige Tag ist der geschäftigste im Fischmarkt, mit Ausnahme des vierten Juli. Ich gehe gegen zwei, als der Kundenstrom etwas nachlässt, und folge einer Karawane von Autos nach Hause, die Autodächer mit Ausrüstung beladen, mit Fahrrädern, die an ihren Gestellen hängen, Booten, die zur Wintereinlagerung zu Bootshäusern geschleppt werden, alles Zeichen dafür, dass der Sommer vorbei ist.

In den vergangenen Jahren waren meine Labor Days mit denselben bittersüßen Aktivitäten belastet – Betten abziehen, Sand aus den Flickenteppichen klopfen, den Kühlschrank ausleeren, das Auto beladen, immer bemüht, das alles in Rekordzeit zu schaffen, damit ich noch einen letzten Spaziergang am Strand machen konnte. Das ist vorbei. Während alle anderen abreisen, winke ich ihnen nur zum Abschied zu. Endlich hat dieser Tag seine Schmerzlichkeit verloren.

Gestern habe ich hundert Tulpenzwiebeln gepflanzt, nicht, weil ich plötzlich Interesse am Gärtnern gefunden habe, sondern voller Vorfreude, weil ich weiß, dass ich sie im April blühen sehen werde – und um mich daran zu erinnern, dass ich stets die blühende, mehrjährige Pflanze sein werde, zu der ich vor ein paar Monaten erwacht bin.

Sobald ich zu Hause bin, stelle ich mich unter die Außendusche, wasche den Geruch des Fischmarktes ab, wickle mich in ein übergroßes Strandtuch und lege mich mit einem Buch und einem Glas Eistee in den Liegestuhl, um die letzten Stunden meines Alleinseins zu genießen. Mein Mann wird gegen sechs Uhr hier sein. Wir haben verabredet, dass wir uns in einer örtlichen Bar treffen. Ich habe einige Leute dorthin eingeladen, um auf die Zukunft meines Mannes zu trinken, habe das Ganze eine Lebensveränderungsparty getauft, aus dem Wunsch heraus, seinen Schritt über die Schwelle ins neue Leben zu feiern. Vielleicht stößt ihn das ab, vielleicht aber auch nicht. Ich denke mir, dass es nur die erste von vielen Überraschungen für uns beide sein wird.

Ich döse ein bisschen, lasse die Sonne meinen Körper erwärmen und entspannen, und pflücke dann ein paar von den Astern, die mir meine Nachbarn heute Morgen bei der Abfahrt angeboten haben. Nachdem ich sie in eine Vase gestellt habe, schaue ich mich im Cottage um, erinnere mich daran, was für ein angenehmer Zufluchtsort es im vergangenen Jahr für mich gewesen ist. Alles ist noch wie immer, nur habe ich mir einen von der Küche abzweigenden Raum eingerichtet, dessen Fenster zum Wald hinausgehen, meine einzige Manifestation (vor allem mir gegenüber), dass ich eigenständig bleiben muss. Das beabsichtigte ich schon seit langem, seit mir eine befreundete Therapeutin ihr sparsam eingerichtetes Turmzimmer mit Blick auf den Hudson gezeigt hatte. »In dieses Zimmer kommen nur Gegenstände und Menschen meiner Wahl«, sagte sie, »weil ich für mich ganz alleine Raum brauche, ohne negative Energie.«

Ich werde ein bisschen nervös, während der Tag fortschreitet – nichts Ernstes, nur eine gewisse Übelkeit, wie man sie vor dem ersten Schultag hat oder wenn man eine neue Stelle antritt. Rasch ziehe ich mir meine »Ausgehuniform« an – Bluejeans und einen schwarzen Leinenblazer –, kämme mein zerzaustes Haar, lege frischen Lippenstift auf, tupfe mir Parfüm mit Limonengeruch hinter die Ohren und rede mir zu, mich zu beruhigen. Du siehst gar nicht schlecht aus, denke ich beim Blick in den Spiegel. Eine ledrige Bräune betont meine Fältchen, aber der allgemeine Eindruck ist gut aussehend und gesund, eine salzwassergehärtete Frau voller Mumm, Empfindsamkeit und Erdverbundenheit.

Sobald ich hinter dem Steuer des Autos sitze, mit einem Bündel meines eigenen, schwer verdienten Geldes in der Tasche, um für diese kleine Party zu bezahlen, öffne ich alle Fenster und lasse den Wind hereinwehen, bevor ich im Geiste nochmal den gestrigen Anruf meines Mannes abspule, bei dem seine Stimme so uncharakteristisch aufgekratzt klang. Zweifellos hat er an sich gearbeitet – Therapie, sportliche Betätigung, sogar Yoga. Jetzt hat er die Stimme von jemandem, der seine Leidenschaft wiedergefunden hat. Ich erwarte, einen unvollendeten Mann zu begrüßen, eine gute Seele und einen alten Freund, während ich weiß, dass meine Zukunft und seine nach wie vor ein Rätsel sind, das noch gelöst werden muss.

Die Main Street ist tot, leergefegt von Autos, der Sommer ist offensichtlich vorbei. Jetzt ist die Zeit, wo man die Menschen in den Geschäften wahrnimmt, sich die Zeit nimmt, mehr als nur ein paar Augenblicke mit ihnen zu reden. Vor dem Restaurant finde ich sofort einen Parkplatz und trete ein, überrascht darüber, dass so viele meiner Gäste bereits hier sind: mehrere Angestellte des Fischmarktes, eine Fotografin, mit der ich in Zukunft gerne zusammenarbeiten würde, die Postmeisterin, zwei Ehepaare, die das ganze Jahr hier wohnen und die ich kennen gelernt habe, Joan Erikson und Josh Cahoon. Es fehlen noch mein Klempner und seine Frau, zwei Nachbarn und natürlich mein Mann.

Der Barkeeper hat ein Tablett mit Gemüsehappen und einem Dip hingestellt, »mit Empfehlung des Hauses«, wie er mir mitteilt. Ich plaudere mit meinen Gästen, behalte dabei aber die Tür im Auge und gleichzeitig die Uhr – es ist halb sieben. Er muß im Ferienverkehr stecken geblieben sein.

Zwei Gläser Wein später erscheint der Mann der Stunde wie eine Fata Morgana, ein bisschen reisemüde, aber trotzdem aufgekratzt. Nach einer langen Umarmung, die ihm Zeit gibt, sich auf die Überraschung einzustellen, mache ich ihn mit den unvertrauten Gesichtern bekannt und ziehe mich dann etwas zurück, um zu beobachten, wie dieser großgewachsene Mann sich der

Stimmung des Abends anpasst. Seine spürbare Präsenz wärmt mir das Herz, weil ich mich daran erinnere, wie oft er sich früher vor Menschen zurückgezogen hat – vor der Mühe und der damit verbundene Nähe –, doch heute Abend ist das nicht der Fall. Einer der Gäste, ein ebenfalls pensionierter Mann, kommt mit einer Schere und schneidet meinem Mann feierlich die Krawatte ab. Alle klatschen, als mein Mann sie herumwirbelt wie ein Lasso und sie dann zu den Deckenbalken hinaufwirft. Ich trete näher, bringe einen Trinkspruch auf die Veränderung in seinem Leben aus und überreiche ihm eine Gezeitenuhr statt der üblichen Golduhr, die Männer so oft zu ihrer Pensionierung bekommen.

Wir haben durchgehalten, wie es aussieht. Vor einem Jahr wäre ich wütend und verzweifelt zu einer Scheidung bereit gewesen. Aber Lethargie und Erschöpfung hielten mich davon ab. Trennung und Einsamkeit haben uns geheilt. Es war nicht die Ehe, die beendet werden musste, sondern die mechanische Art und Weise, in der wir innerhalb ihrer Mauern existierten.

Es wird unerwartete Erschütterungen und Instabilitäten geben, da wir für einige Zeit auf einem unvertäuten Floß leben, unsere Tage und Lebensweise so schwankend, wie sie vielleicht in der Pubertät war. Zum Glück liegt mir nichts mehr an einem bequemen Leben; die köstliche Muße, nach der sich so viele Menschen sehen, kommt mir jetzt schal vor. Ich bin vielmehr darauf aus, mich an Winzigkeiten zu erfreuen, wie wir es im Moment tun.

Die nächsten Monate werden bestimmt nicht stumpfsinnig oder eintönig sein, und ich habe mir versprochen, meinem Mann nicht zu raten oder ihn zu fragen, was er mit dem Rest seines Lebens anfangen will. Ich verabscheue es, wenn Frauen ihre Männer herumkommandieren, sie vorzeitig in schniefende alte Männer verwandeln. Ich werde mir seine Gedanken und Ideen anhören, aber zögern, bevor ich meine Meinung dazu äußere. Niemand muss in diesem Stadium seines Lebens etwas beigebracht bekommen; stattdessen sollten unsere eigenen Sinne und Empfindungen unseren Weg bestimmen. In alte Verhaltensweisen zurückzufallen würde nur unser spirituelles Wachstum vermindern.

Allmählich verziehen sich die anderen, und wir nehmen an einem Ecktisch Platz, um unser Essen zu bestellen. Er entscheidet sich für sein Lieblingsgericht, gebackene Muscheln; ich wähle frische Austern, was ihn veranlasst, zwei Gläser Champagner zu bestellen, unsere Gewohnheit, wenn wir Austern essen.

»Baby, was für eine Überraschung!« sagt er über die Party, verwendet den Kosenamen, den mein Vater für mich hatte, was er manchmal tut, seit mein Vater tot ist. »Aber wie viel hat das gekostet?«

Eine typische Frage für einen frisch pensionierten Mann, der unsicher über seine finanzielle Zukunft ist, denke ich.

»Das war meine Party«, erwidere ich, »bezahlt mit meinem Verdienst aus dem Fischmarkt und einem unerwarteten Honorarscheck. Außerdem, deine Entscheidung, dein Leben zu ändern, war eine Feier wert. Haben wir nichts stets solche Ereignisse gefeiert? Den Kindern haben wir genügend solcher Feste ausgerichtet. Es war das wenigste, was ich tun konnte.«

Er sieht erfreut und zufrieden aus. Das Nachglühen der Jahre erlaubt uns, schweigend zusammenzusitzen. Gerade, als ich das Gefühl habe, dass sich Friedlichkeit über den Tisch senkt, unterbricht er den Moment. »Erinnerst du dich noch, wie wütend du wurdest, als ich vor ein paar Jahren sagte, ich sei im Frieden mit mir?«

»Wie könnte ich das vergessen? Da ich mich überhaupt nicht friedvoll fühlte, war mein einziger Gedanke, wieso du so etwas behaupten konntest.«

»Stimmt«, fährt er fort, »natürlich hatte ich keine Ahnung, wovon ich überhaupt sprach. Ich dachte wohl, wenn ich den

Geisteszustand anspreche, den ich gern erreichen wollte, würde es auch geschehen. Tja, aber weißt du was? In Frieden mit sich zu sein bedeutet, ohne Leidenschaft zu sein, und genau das hat mir gefehlt – nicht dieser ganze Sexkram, sondern der gute alte Adrenalinstoß, den man bekommt, wenn man etwas Verrücktes tut. Starrköpfig und gesetzt zu sein, hat mir nicht sonderlich geholfen. Ich muss zurückfinden zu dem Rezept, das ich unserer Ehe am Anfang verordnet habe – dass wir stets Abenteuer erleben sollten, sowohl zusammen als auch unabhängig voneinander.«

»Ich erkenne allmählich, dass das Leben nicht so unbedeutend ist, wie ich dachte«, denke ich laut. »Stattdessen enthält es mehr, als ich aufnehmen kann. Das große Geheimnis ist, dass nicht alles in der Jugend passiert.«

Er nickt. Mir geht auf, dass es für eine endgültige Trennung längst zu spät ist. Wenn einer oder der andere von uns hätte abspringen wollen, dann hätte das geschehen müssen, bevor die Jungen geheiratet haben, bevor sich der Kreis und der Stamm vergrößerte und wir die Möglichkeit zur Regenerierung sahen. Ich nehme an, es hat nie einen guten Grund für uns gegeben, nicht zusammenzubleiben.

Die vorübergehende Trennung hat sich ausgewirkt – weniger von ihm hat mehr aus mir gemacht und umgekehrt. Komisch, wie sehr ich mich auf die Sexfrage konzentriert habe, als ob sie es uns unmöglich machen würde zusammenzuleben. Eine Ehe muss einige Mängel haben, ein paar ungelöste Probleme, gewisse Konflikte, die noch bewältigt werden können. Man kann nur hoffen, dass lang während Ehen über die Chemie hinauswachsen zur gegenseitigen Verträglichkeit.

Ein Augenblick der Wahrheit bringt immer eine köstliche Intensität mit sich. In diesem Moment sind meine Wangen tief gerötet und ich empfinde größte Dankbarkeit. Wenn wir von jetzt an Tag für Tag bewusst leben, bin ich davon überzeugt, dass auch die gewöhnlichsten Erlebnisse eine Bedeutung bekommen.

Ich gähne vor Müdigkeit, als wir die Rechnung bezahlen und uns zum Gehen bereit machen. »Ich habe eine Idee für morgen«, sagt mein Mann.

»Morgen«, wiederhole ich. Über das Jetzt hinauszudenken versetzt mir einen Schlag.

»Würdest du mich zu den Seehunden mitnehmen?«, fragt er. »Ich möchte verstehen, warum sie dir so viel bedeuten. Vielleicht reden sie ja sogar mit mir.«

»Das werden sie ganz bestimmt tun«, antworte ich.

Genau wie ich, befindet er sich auf einem neuen Weg. Ich kann nur dabeisitzen und dem, was unvollendet an ihm – an uns allen – ist, Ehre erweisen.

DANKSAGUNG

Ich stehe tief in der Schuld meiner Freundin Cheryl Lindgren, die mir das Buch ›Die Wolfsfrau‹ schenkte und als Widmung hineinschrieb: »Vergiss nie unsere Wurzeln.« Damit meinte sie unsere Weiblichkeit, die damals, 1992, völlig ramponiert und aufgelöst war. Gemeinsam gründeten wir eine Frauengruppe, um mit anderen unsere missliche Lage zu teilen und zu versuchen, unser authentisches Selbst wiederzufinden. Diesen *Seelensucherinnen* und *Wegbereiterinnen* bin ich zutiefst dankbar: Virginia Dare, Joya Verde, Joan Daniels, Judy Greenberg, Hazel Goodwin und Julie Hansen. Mehrere Jahre arbeiteten wir daran zu wachsen und uns zu verändern, und dieser Bericht ist ebenso der ihre wie auch der meine.

Ortsansässige von Cape Cod wie Marilyn Leugers, Nancy Cole, Geri Appleyard, Loni Ebersold, Marcia West und Judy Corkum ermutigten mich und gaben mir neue Einsichten mit auf den Weg. Ihr Feedback schlug sich in den verschiedenen Entwürfen zu diesem Buch nieder. Andere – die Snyders, Emmerlings und Bormans – überließen mir ihre Häuser und Cottages, um meine Tagebucheintragungen zu sortieren und das Manuskript für dieses Buch zusammenzustellen.

Kaum in Worten ausdrücken lässt sich meine Dankbarkeit gegenüber Nicholas Monsarrat, Barbara Curcio und Rebecca Anderson, drei intuitive und kritische Lektoren und selbst Schriftsteller, die jedes Kapitel durchgingen, auf meine Grammatik achteten, darauf bestanden, dass ich bei der Wahrheit blieb, und mich drängten, mehr zu geben, wenn ich weniger geben wollte. Ich danke euch dafür, so hervorragende Trainer während meines literarischen Marathons gewesen zu sein!

Mein besonderer Dank gilt Hannah Andrychowski, die Notizen ins Reine schrieb, Entwurf nach Entwurf tippte, für die Einhaltung von Abgabeterminen sorgte und mich anfeuerte, weil sie an die Botschaft glaubte.

Natürlich wäre dieses Buch ohne die klare und stetige Vision meiner Agentin Olivia Blumer nie zustande gekommen ... ihr Gefühl, dass ich gezwungen war, dieses Buch zu schreiben, ihr Vertrauen darauf, dass ich es zu Ende bringen würde, und vor allem ihr Gespür dafür, es Patricia Mulcahy und Harriet Rubin vorzulegen, erfahrenen Lektorinnen, die den Markt kennen und mir Tipps geben konnten, wie ich für diesen Markt schreiben sollte. Besonderen Dank auch an Denell Downum, die das Manuskript in den Hafen steuerte.

Und dann die Familie: meine Cousine Judy, eine Stimme in der Wildnis, die mich aus dem fernen Texas ermutigte, das Projekt zu beenden; ihre Schwester Wendy, die mich bewunderte und anfeuerte; meine Söhne, die mich weiterhin zur Authentizität drängen, und ihre Frauen, deren Unabhängigkeit und entschlossenes Bestreben, innerhalb der Ehe eigenständig zu bleiben, mich nach wie vor inspirieren. Aber die größte Dankbarkeit empfinde ich gegenüber meinem Mann, der mir gestattete, mit schonungsloser Offenheit zu berichten und nichts zu beschönigen. Er hat mich während des Schreibens nie gestört, war stets bereit, das nächste Kapitel mit kritischem Blick und ermutigenden Worten zu lesen.

Viele haben mich aus der Ferne ermutigt: die Geigers, Chertoks, Jan, Dan, Martha Masterson und besonders Pamela Borman, eine getreue Unterstützerin und gute Freundin, die an meine Botschaft glaubt und die beste Öffentlichkeitsarbeit macht, die ich mir vorstellen kann.

Es lässt sich kaum sagen, wie glücklich ich mich schätze, meine Mentorin und Spielgefährtin, die verstorbene Joan Erikson, gefunden zu haben, die sich der Aufgabe verschrieb, mir tagein und tagaus ihre Eriksonschen Erkenntnisse aufzutischen, bis sie sich festsetzten.

INHALT

Germaine Greer

Die ganze Frau
Körper Geist Liebe Macht

Aus dem Englischen von
Susanne Althoetmar-Smarczyk
<u>dtv</u> premium 24204

Bestsellerautorin Germaine Greer unternimmt erneut eine
große Bestandsaufnahme zur Lage der Frauen. Leiden-
schaftlich, sachkundig und sarkastisch analysiert sie, was
ihrer Ansicht nach Sache ist, und stellt die Tagesordnung für
einen neuen Feminismus auf.

Auf der Suche nach Befreiung, so argumentiert Greer, hat
sich die Frauenbewegung auf Seitenwege abdrängen lassen,
ist auf eine Ersatzbefriedigung hereingefallen. Die gerne
wiederholte These »Frauen können alles haben« ist, wie sie
meint, eine Illusion, da es nach wie vor unzählige Formen
offener und verdeckter Diskriminierung gibt. Dieses Buch
ist eine aufrüttelnde Kritik an der vorhandenen Selbstzu-
friedenheit, insbesondere der Frauen. Wie schon mit dem
›Weiblichen Eunuchen‹ gelingt es Germaine Greer erneut,
mit größter Schärfe zentrale Fragen anzusprechen.

»Sie ist wieder da, und sie ist zornig.«
The Daily Telegraph

dtv portrait

Herausgegeben von Martin Sulzer-Reichel

Biographien bedeutender Frauen und Männer aus
Geschichte, Literatur, Philosophie, Kunst und Musik

»Erstaunlich wieviel Information in anschaulicher Form
auf dem knappen Raum geboten wird.«
Rheinischer Merkur

Laura Day

P. I.
Praktische Intuition

Der Sechste Sinn in Liebe, Partnerschaft und Beruf
Mit einer Einleitung von Demi Moore
Aus dem Englischen von Birgit Woldt
dtv premium 24130

Emotionale Intelligenz durch Praktische Intuition

»Laura Days Erkenntnisse sind so brillant wie praktisch.«
(Deepak Chopra)

»Die Intuition ist nichts Mystisches… Intuition ist Logik.«
*(James D. Watson, Nobelpreisträger
und Mitentdecker der DNS)*

Intuition, Sechster Sinn, Eingebung – jeder nutzt diese
Fähigkeiten, bewußt oder unbewußt, Tag für Tag. Unser
ganzes Verhalten – ob im Privat- oder Berufsleben – ist
mehr, als wir glauben, von unserer Intuition bestimmt. Sie
spielt bei jeder Entscheidung eine große Rolle, etwa wie
man sich für ein wichtiges Meeting anzieht oder wie man
ein Geschäft abwickelt.
Seit vielen Jahren gibt *Laura Day* Seminare u. a. für Ge-
schäftsleute, Ärzte und Rechtsanwälte. Sie zeigt, wie man
seine intuitiven Fähigkeiten entdeckt und wie man sie bewußt einsetzt. Durch viele praktische, meist verblüffende
Übungen lernt man, auf seine Eingebungen zu achten.

dtv

John O'Donohue im dtv

John O'Donohue nimmt uns mit in die spirituelle Welt der Kelten auf eine intime Reise zu uns selbst

Anam Ċara
Das Buch der keltischen Weisheit
dtv premium 24119

Anam ist das gälische Wort für Seele, Ċara heißt Freund. Anam Ċara bedeutet nach keltischem Verständnis also »Seelenfreund«. Die Kelten besaßen eine tiefe Einsicht in das Wesen der Liebe und der Freundschaft, die zwei Menschen auf unzertrennliche Weise verband. John O'Donohue enthüllt in diesem Buch keltische Geheimnisse, die die Leser in unserer hektischen Zeit in harmonischen Einklang mit der Welt bringen und das Leben reicher machen.

Echo der Seele
Von der Sehnsucht nach Geborgenheit
dtv premium 24180

Irgendwo, tief in unserem Innern, lebt die Sehnsucht. Es ist die Sehnsucht nach Liebe, Geborgenheit und Zugehörigkeit. Noch nie war der Hunger nach Zugehörigkeit so quälend wie heute. Die Geborgenheit, die wir in der Zugehörigkeit erfahren, schenkt uns Kraft; sie bestätigt in uns eine Stille und Gewissheit des Herzens. Sie befähigt uns, äußeren Druck und Verwirrung zu ertragen, und sie versichert uns des Bodens, auf dem wir stehen.

Dieses Buch ist »eine eloquente Meditation über die Kunst des Lebens. Es ist eine Schatzgrube für Leser aller Glaubensrichtungen.«
Publisher's Weekly